根据《3—6岁儿童学习与发展指南》《幼儿园教育指导纲要（试行）》编写

幼儿数学生活化教学活动100例

（中班）

顾　问：李　杰

主　编：朱　晓

编　委：吴国彬（广东茂名幼儿师范专科学校）
　　　　黄　燕（广东省高州市大井镇中心幼儿园）
　　　　钟宏伟（广东省佛山市禅城区教育发展中心）
　　　　吴　富（广东省高州市泗水镇中心学校）
　　　　梁　建（广东省高州市平山镇中心学校）
　　　　梁艳锋（广东省高州市教育研究室）
　　　　何雪玲（广东省高州市曹江镇中心幼儿园）
　　　　黄明娟（广东省高州市小主人幼儿园）

广东高等教育出版社
Guangdong Higher Education Press

·广州·

图书在版编目（CIP）数据

幼儿数学生活化教学活动100例/朱晓主编. —广州：广东高等教育出版社，2020.10

ISBN 978－7－5361－6251－8

Ⅰ.①幼… Ⅱ.①朱… Ⅲ.①数学课－学前教育－教案（教育） Ⅳ.①G613.4

中国版本图书馆CIP数据核字（2018）第193190号

责任编辑	钱　丹
责任校对	吴旭芝
封面设计	阿　丁
出版发行	广东高等教育出版社
	地址：广州市天河区林和西横路
	邮编：510500　　营销电话：（020）87551163
	http://www.gdgjs.com.cn
印　　刷	广东鹏腾宇文化创新有限公司
开　　本	787毫米×1 092毫米　1/16
印　　张	20.25
字　　数	320千
版　　次	2020年10月第1版
印　　次	2020年10月第1次
定　　价	75.00元（共3册）

前　言

　　"无数学不生活、无数学不人生"，迅猛发展的数字化、信息化时代对个人的数学认知和运用能力提出了前所未有的高要求。《幼儿园教育指导纲要（试行）》指出："引导幼儿对周围环境中的数、量、形、时间和空间等现象产生兴趣，建构初步的数概念，并学习用简单的数学方法解决生活和游戏中某些简单的问题。"《3—6岁儿童学习与发展指南》指出："要珍视游戏和生活的独特价值，创设丰富的教育环境，合理安排一日生活，最大限度地支持和满足幼儿通过直接感知、实际操作和亲身体验获取经验的需要，严禁'拔苗助长'式的超前教育和强化训练。"教育向幼儿的生活回归是现代教育的一个重要趋势，数学教育也不例外。

　　生活中处处有数学。幼儿的数学学习，是他们在与周围环境的互动中自发地认知学习或在成人的引导下学习数的知识、技能，发展数学认知能力的过程。它特别注重幼儿对自己周围环境中数学问题的关注和兴趣，注重在日常生活中通过感知、体验和操作活动理解数的抽象关系，并在解决问题的过程中运用所学的数学知识，逐步发展逻辑思维。

　　欧美数学教材给人一个突出感觉是：教学内容现代化，而且密切联系生活实际。教材的插图都是真人、实物的照片，使人感到数学不可怕，数学就在我们身边，就在我们的生活中，这样幼儿学习数学的兴趣自然大大提高。

　　幼儿在一日活动各个环节中以什么样的方式接触数学，决定了幼儿对数学的最初感受，而数学教学活动生活化为幼儿学习数学、感受数学提供了一个最有效、最有趣的过程。

　　如何才能实现数学教学生活化？我认为，在数学教学中，要摒弃让幼儿厌倦、让思维禁锢的机械记忆方法，要让幼儿多接触生活、融入生活，引导幼儿从生活经验、生活实际中捕捉数学现象，体现"数学源于生活、用于生活"，使幼儿体会到数学就在身边，感受到数学的魅力，体会到数学的乐趣。如在日常生活中利用生活素材让幼儿积累数学感性经验，包括桌椅等物体的形状、大小、颜色及其上下、前后、左右等形体及空间方位的认识。又如，利用生活和游戏的实际情景，引导幼儿理解数学概念的具体化。游戏是幼儿的最爱，将数学知识和游戏巧妙结合，才能让幼儿在玩中学，在学中玩。

在茂名市教育局党组成员、副局长李杰同志的大力支持和指导下，我在搜集各种参考资料的基础上，结合30年一线幼儿教育工作的经验，历经6年时间的反复修改、完善，并分别以高州市第一幼儿园、高州市曹江镇中心幼儿园、高州市小主人幼儿园、高州市育婴堂幼儿园等多所公办、民办幼儿园的小、中、大班幼儿为研究对象，编写了小、中、大班不同的生活化数学教学课例。我对这些课例进行"计划—实施—反思—调整"的具体教学实践，并在不断延伸总结、归纳经验的基础上，编写了本书。

本书对国内外幼儿园数学教学生活化的理论与实践进行梳理总结，并在此基础上，以《3—6岁儿童学习与发展指南》《幼儿园教育指导纲要（试行）》《广东省幼儿园一日活动指引》等文件精神为依据，科学制定了幼儿园一日活动各环节中的数学教育目标和家庭生活中的数学教育目标。同时，根据不同阶段的幼儿实际情况和学习要求，编写了不同的生活化数学课例，制定了课堂目标，创设支持幼儿探索数学的环境，选用易于操作的材料，制定符合幼儿学习兴趣的活动过程，引导幼儿在生活化的环境中主动学习、探索、操作，形成数学认知，发展数学思维，体验数学乐趣并将经验迁移到日常生活应用中。

本书中的故事由高州市第一幼儿园邹金玲老师和高州市宝光街道顿梭中心幼儿园何榆老师录音讲述，儿歌由高州市大井中心小学的俞慧敏、俞慧莹、张雨桐等同学和高州市第一幼儿园曾雨晴小朋友演唱，歌曲由星海音乐学院现代音乐与戏剧学院电子管风琴专业学生卢韵琦弹奏，在此对她们的支持与帮助表示衷心的感谢！

开卷有益，如果大家在研读该书过程中，能得到一点启发、一点收益，那编写这本书的目的就达到了。因水平有限，错漏之处，敬请各位批评指正，让我们共同为幼儿教育的健康持续发展贡献力量。

朱　晓
2020年6月

目 录

幼儿园一日活动中数学教学内容 / 2

家庭一日活动中数学学习内容 / 4

1. 神奇的电视机 / 6
2. 神奇的红绿灯 / 9
3. 顺数倒数 / 11
4. 神奇的车牌号码 / 14
5. 有趣的电话号码 / 16
6. 小手棒棒棒 / 18
7. 比较轻重 / 21
8. 说一说，做一做 / 24
9. 找一找 / 27
10. 好邻居 / 30
11. 停车场管理员 / 33
12. 两个好朋友 / 36
13. 会说话的车票 / 39
14. 我最棒 / 41
15. 十二生肖 / 44
16. 逛超市 / 48
17. 图形宝宝 / 50
18. 图形宝宝变形记 / 54
19. 分鞋子 / 57
20. 时间宝宝 / 59

21. 漂亮的车 / 61
22. 掷骰子 / 65
23. 超市里的数字宝宝 / 68
24. 画迷宫 / 70
25. 变得一样多 / 73
26. 好玩的扑克 / 76
27. 找帽子 / 79
28. 会说话的图书 / 81
29. 我会打电话 / 83
30. 迷路小花鸭 / 86
31. 找不同 / 89
32. 我和朋友比高矮 / 92
33. 有趣的0 / 96
34. 好玩的绳 / 98
35. 数字用处多 / 100
36. 身边的单、双数 / 102
37. 排队 / 105
38. 抱团游戏 / 108

中班

初步感知数学在生活中的广泛运用；能从生活和游戏中感受事物的数量关系并体验到数学的重要和有趣，感知形状与空间关系。发展孩子的观察力、分辨力、语言表达能力和动手操作能力。在一日活动的各个环节中进行渗透式学习，培养孩子对数学的兴趣并运用于日常生活之中。

主要目标：

1. 感知和体会用形状或数量来描述物品，对环境中各种数字的含义有进一步探究的兴趣。

2. 能感知和区分物体的粗细、厚薄、轻重等量方面的特点，并能用相应的词语描述。

3. 能通过数数比较两组物品的多少，感知单双数和相邻数等。

4. 能通过实际操作理解数与数之间的关系，如4加上1是5、5比4多1、4比5少1、5里面有5个1等。

5. 会用数词描述事物的排列顺序和位置。

6. 能感知物品的形体结构特征，会画出或拼搭出该物品的造型。

7. 能感知和发现常见几何图形的基本特征，尝试进行识别、描述、重组、分类等。

8. 能使用上下、前后、左右、里外、中间及旁边等方位词描述物品的位置和运动方向。

幼儿园一日活动中数学教学内容

环节	可进行的数学教育内容
来园	1. 能以自己为中心分清左右、里外等空间方位
	2. 会数幼儿园的楼梯步级数，学习顺数、倒数
	3. 会算男孩、女孩来园人数，比较两者之间的多与少
	4. 学习用增加或减少的方式使男孩、女孩一样多
	5. 数一数有几个孩子来园，男孩、女孩各有几个人，穿裙子的有几个人，穿裤子的有几个人，穿皮鞋的有几个人，穿凉鞋的有几个人等
盥洗	1. 挂毛巾或放水杯时，正确理解数与物、物与物的对应关系，认识形状，比较两者之间的多少，通过增加（减少）的方式使两者一样多
	2. 排队洗手时，理解"第几组、第几排"及从某个方向向另一个方向数数，以及人或物体所在的位置
	3. 取放毛巾或水杯时，理解几增加（减少）1是多少，感知数的形成
	4. 洗手时数数有几个人在洗手，几个人在等候，几个人没有洗手，排队时谁的前（后）面有几个人，男孩、女孩各有几个人等
进餐	1. 学习按序数（第几组第几个等）要求进行取饭，进餐时感知谁第一名谁第二名等，正确感知物体在序列中的位置，并能用序数词感知物体在序列中的位置
	2. 通过点数知道每组（桌）小朋友的人数，能将碗筷一一对应地摆放在桌面上
如厕	1. 正确辨认前后、里外、远近等空间方位
	2. 在整理衣服中感知里和外、单双数等
	3. 知道厕所位的数量，感知单双数、相邻数的关系
	4. 排队上厕所，感知序数

续上表

环节	可进行的数学教育内容
饮水	1. 计算自己喝水的杯数，感知几增加1是多少
	2. 感知10以内的序数，理解水杯格中"一行""第几行"数词的含义，能准确地说出自己水杯在水杯柜中所处的位置
户外活动	1. 在不同的队伍中，确定自己在其中的位置，区分前后、左右等空间方位
	2. 比比高矮、大小等，选择一样高或不一样高的小朋友进行活动
	3. 在各项游戏中，确定、表达出10以内的序数，学习找单双数或相邻数，通过数数、测量的方法确定名次
	4. 能按材料的某种特征放置活动器械
午睡	1. 把被子、枕头、鞋子等按一定的规律排序
	2. 叠放被子时感知正方形、长方形、三角形等之间的转接关系
	3. 正确辨认小朋友午睡时所在的前后、里外、远近、左右等空间方位，比较三个物体相对的远近关系
离园	1. 看谁的家人第几个来接，巩固对序数的认识
	2. 数一数接走、没接走小朋友的人数，比较两者的多少
	3. 在回顾今天的事情、期待明天的活动中，体验今天、明天的含义

家庭一日活动中数学学习内容

环节	可进行的数学教育内容
来、离园	1. 知道自己及本班所处的楼层，认识序数
	2. 认读电梯、红绿灯上的数字，初步感知"顺数、倒数"的含义
	3. 来园、离园、排队时感知序数
	4. 根据来园的人数，感知数的形成，知道：几增加1是多少，几里面有几个1，几比几多（少）多少
作息	1. 穿脱衣服时，理解几增加（减少）1是几，学习10以内数的形成
	2. 认识衣服、鞋的码数，知道表示不同大小码数的英文符号及鞋底上码数越大鞋子就越大
	3. 知道自己休息的时间，学习正确运用时间词语"昨天""今天""明天"
盥洗	1. 在家人的洗漱工具中能从不同的方向判断某人的物品在序列中的位置
	2. 利用毛巾初步探究二等分、四等分、正方形、长方形等，感知并体验它们之间的转换关系
	3. 根据洗漱用品的某一特征，变换多种规律的排序方法
穿着	1. 通过穿着认识单双数及量词
	2. 知道穿着的正确顺序，感知数量、里外、厚薄等的关系
	3. 能不受衣服的大小、穿着顺序、厚薄等的影响，正确判断10以内衣服的数量，初步理解10以内数量

续上表

环节	可进行的数学教育内容
饮食	1. 观察食品袋上的数字，知道它们所表示的意义
	2. 观看食物及餐具，认识图形、颜色、材质等，按某种特征进行多次分类和按一定的规律排序
	3. 感知食物的多少及不同排列顺序，按照从某一方向确定食物的排列顺序
物品	1. 认识物品的形状，巩固对形状的认识
	2. 清点家里的物品，学习运用一一配对的方法比较两者之间的多与少
	3. 通过对车牌、电话号码、门牌等的设计，巩固对数字、数序的认识与运用，感知数字用在不同的地方所表示的意思不一样
	4. 通过操作家电产品的遥控器，认读数字，感知几增加（或减少）1是几，感知相邻数
	5. 感知物体（如桌子、盘子、车轮、瓷砖等）的形状，产生联想，用自己的语言进行描述，按某种特征进行分类或归类
活动	1. 在多种生活情景中判断方位，能分辨不同事物的前后、里外，会按指定方向（向上、向下、向前、向后、向里、向外）做运动，尝试估计物体的远近
	2. 知道自己在某天做了哪些活动，正确运用"昨天""今天""明天"表述生活中事件的发生时间
	3. 理解各种票据上的数字所表示的意思及给人们生活带来的便利

1. 神奇的电视机

活动目标

1. 学习几增加（或减少）1是多少，理解多1（少1）的意义。
2. 初步感知个位数、十位数、百位数的读法。
3. 培养孩子对数学的兴趣。

活动准备

1. 电视机。
2. 电视机遥控器。

活动内容

1. 感知电视机遥控器的操作方法，巩固认识0~9的数字。

引导语：宝宝，妈妈要看广东新闻频道的电视，帮忙找一找广东新闻频道是第几频道？你是怎么找到的？当你按遥控器上的数字时，电视机的右上角会显示什么数字？如何用最快的速度找到相对应的电视频道？

2. 感知增（减）选择频道的方法，学习十位数、百位数的基本读法。

引导语：宝宝，妈妈想看比6多1的频道，帮忙按一下。你是怎么找到的？（可以先按"6"，再按一次▲，就是频道7了；也可以直接按"7"）奶奶想看23频道的电视，你也来帮帮忙吧？你又是怎么找到的？（按▲或▼表

1. 神奇的电视机

示增加或减少频道；或直接按数字，如 23 频道，先按 "2"，再按 "3"）

❸ 巩固对十位数、百位数的认读。

A．按遥控器上的 ▲或▼，一边按一边认读电视机右上角出示的数字，知道几增加（减少）1 是几，一个数的相邻数分别是哪两个。

B．家长随意说一个数字，孩子按出相应的电视频道，并说出这是什么频道。

❹ 认识各地方电视台的标志。

引导语：这是什么电视台的标志？你还知道哪些电视台的标志？

❺ 动手做一做。

● 做一做。

数一数，每行有多少？请把它们各增加（或减少）1，看看是多少？

（学说 2 增加 1 是 3，3 增加 1 是 4，4 增加 1 是 5，5 增加 1 是 6，6 增加 1 是 7，7 增加 1 是 8，8 增加 1 是 9，9 增加 1 是 10）

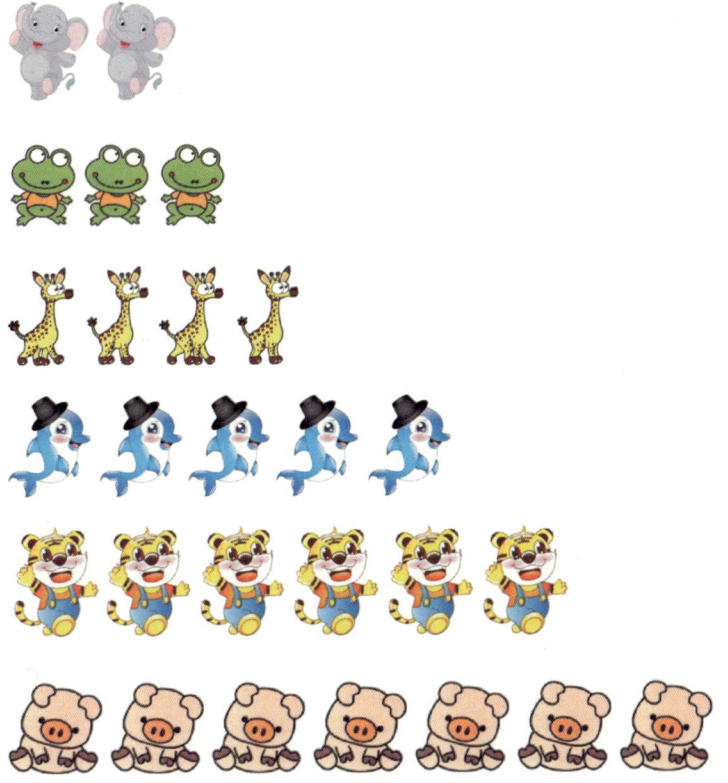

- 试一试。

根据要求试一试，然后在（ ）里填上相对应的"▲、▼"或数字。

A. 频道 7 ⇨ 可在遥控器上先按"5"，再按（ ）2次。

B. 频道 10 ⇨ 可在遥控器上先按"9"，再按（ ）1次。

C. 频道 26 ⇨ 可在遥控器上先按（ ），再按 6。

D. 频道 35 ⇨ 可在遥控器上先按 36，再按（ ）1次。

活动反思：（你在实施这个课程中有何感想？）

2. 神奇的红绿灯

活动目标

❶ 观察红绿灯上的数字，知道其每跳动一次减少一秒，发现其特性（倒数）。

❷ 锻炼孩子的倒数能力，培养孩子对数学的兴趣。

❸ 培养孩子的安全及自我保护意识。

活动内容

❶ 认识红绿灯的作用。

引导语：宝宝，为什么在这个路口，这么多车停下来不开了呢？（红灯亮了）什么灯亮了才可以通行呢？（绿灯）

❷ 认识红绿灯上数字的意义。

引导语：红绿灯上有什么标识？（一个站立的红色小人、一个走路的绿色小人；红绿色的箭头或数字）表示什么？为什么要有数字？这些数字的变化是怎么样的？我们跟着一起倒数吧。

小结：红绿灯上的数字表示时间，告诉人们还有多少秒就会红（绿）灯变绿（红）灯。数字是由大到小的，倒着数的。顺数是顺着先后次序计数，如1、2、3、4、5。而倒数也叫逆数，是从后往前数，如5、4、3、2、1。

❸ 讨论，巩固对红绿灯的作用和意义的认识。

为什么红绿灯是安装在两条马路的交汇处的？红绿灯有什么作用？不遵守交通规则会发生什么事情？

❹ 学唱歌曲《红绿灯》，进一步巩固对红绿灯的认识。
❺ 动手做一做。

• 数一数。

数一数，还有几秒钟就可以变绿灯（红灯）。

扫码学唱歌曲
《红绿灯》

• 填一填。

请按规律把数字写在空格里。

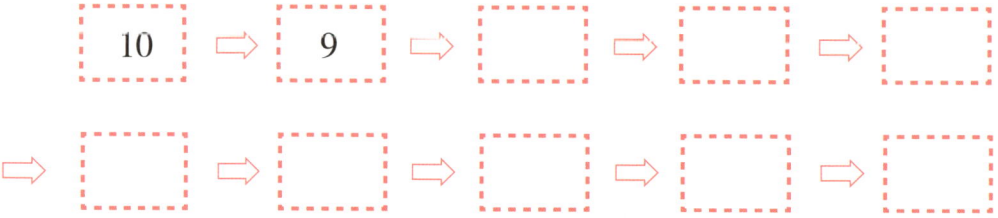

活动反思：（你在实施这个课程中有何感想？）

3. 顺数倒数

活动目标

❶ 初步学习从 10 以内任意数字开始顺数或倒数，感知数与数之间的内在规律。

❷ 提高对数字的敏感性，体验数字的重要性和趣味性。

❸ 积极参加探索活动，锻炼思维的敏捷性。

活动内容

❶ 初步感知电梯、楼梯上各层之间数字关系的变化。

引导语：宝宝，我们现在在一楼，要上到二楼，还要上几层楼呢？二楼上几层才到三楼？我们上得越高，数字就越怎么样？那我们下楼呢？电梯上的数字有什么变化呢？

小结：上楼时，电梯或楼梯上的数字会越来越大；下楼时，电梯或楼梯上的数字会越来越小。

❷ 理解顺数与倒数的概念。

引导语：什么叫顺数？什么叫倒数？

小结：

顺数——按从小到大排列顺序，后一个数比前一个数多 1，这样排列的数叫顺数。

倒数——按从大到小排列顺序，后一个数比前一个数少 1，这样排列的数叫倒数。

❸ 巩固对顺数、倒数的认识。
● 游戏：当过马路时，可以根据红绿灯上的数字学习倒数。
● 游戏：看谁说得又对又快。

家人（孩子）说"234567"，孩子（家长）立即说"765432"。说错了就在自己的脸上贴一张小纸条，谁贴的小纸条多谁就输了。

❹ 寻找生活中有顺数或倒数的例子。

引导语：宝宝，你知道有哪些东西或事情是用顺数或倒数来表示的吗？

小结：坐电梯上楼时，电梯显示数字是顺数的。微波炉、电饭锅在工作时数字显示是倒数的。新年倒计时也是用倒数来计算的。有的倒计时是用秒来计算的，有的是用分钟来计算的，有的是用天数来计算的。

❺ 学唱歌曲《顺数倒数歌》。

❻ 动手做一做。

● 连一连。

请你在数字是倒数的物品下的（　）里打"√"。

扫码学唱歌曲
《顺数倒数歌》

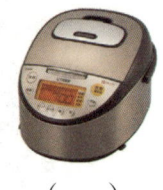 

（　）　　（　）　　（　）

● 填一填。

请你观察一下这些数字的规律，按照规律把相对应的数字填在空格里。

10				5			2	

1			4			8		

3. 顺数倒数

● 看一看，写一写。
这两个箭头分别表示什么意思呢？请根据它的意思把数字写在空格里。

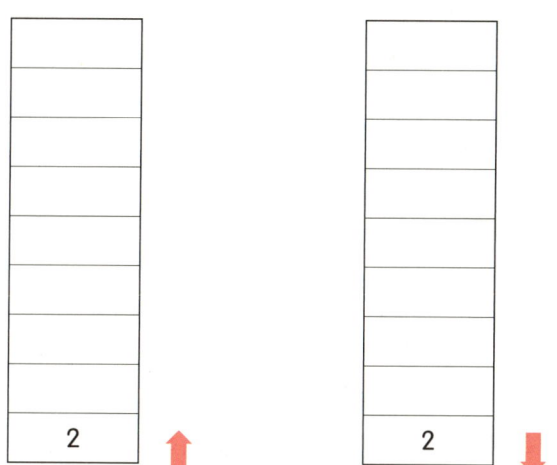

活动反思：（你在实施这个课程中有何感想？）

4. 神奇的车牌号码

活动目标

❶ 通过自主的操作活动，初步学习排列与组合的方法。
❷ 通过运用 0~9 个数字，组合车牌号码，知道车牌号码的数字是不同的，感受数字与生活的紧密联系，激发他们学习数学的信心。
❸ 了解车牌号码、手机号码、固定电话号码的特点，掌握它们的特征。

活动准备

❶ 0~9 的数字、英文字卡若干。
❷ 拍摄有各种车牌的照片若干。

活动内容

❶ 谈话导入，激发孩子的学习兴趣。
引导语：我们家的车子是什么颜色的？什么牌子的？

❷ 通过猜测，激发孩子对排列与组合的兴趣。

引导语：有这么多车是跟我们家的车的颜色、牌子一样的，怎么样才能在大街上一看就知道哪辆轿车是我们家的？（看车牌号）我们家的车牌有什么数字（或符号）？车牌上的数字（或符号）加起来一共有几个？

❸ 对比所有的车辆，寻找车牌设置的规律。
引导语：（出示照片）这些车牌上有的字母

4. 神奇的车牌号码

是相同的，你能发现它们之间有哪些不同的地方吗？它们的不同之处表示了什么意思？

小结：没有相同的车牌，有的车牌数字或英文排列相同，但是地区不同，如粤 K 12345 和粤 A 12345；还有车牌是有字母的，如粤 K 12A23。车牌是有 5 位数的（包括字母在内）。

❹ 了解不同国家车牌的设置有何不同。

引导语：你见过国外的汽车吗？它们的车牌设置是怎么样的？

❺ 学习用 0~9 的数字排列车牌。

引导语：我们是小小警察，今天来给新车上车牌，看看有什么车牌是可以用的。（排好后可以用手机把它拍下来，或者让家人记录下来）

❻ 在每个空格内学习用 0~9 的数字排列车牌。

❼ 游戏："谁的记性好"，提高记忆力。

玩法：家长出示任意一组车牌号，给孩子看数秒后拿走，要求孩子讲出车牌号。

活动反思：（你在实施这个课程中有何感想？）

5. 有趣的电话号码

活动目标

① 通过自主的操作活动，初步学习排列与组合的方法。

② 通过运用 0~9 个数字设计电话号码，感受数学的丰富变化与生活的紧密联系，增强孩子学习数学的自信心。

③ 了解手机号码、本地固定电话号码的特点，掌握它们的特征及使用方法。

活动准备

① 0~9 的数字卡若干。

② 0~9 的数字小印章若干。

活动内容

① 听故事《春天的电话》，激发孩子的学习兴趣。

引导语：小松鼠、小白兔、小花蛇、小狐狸等的电话号码是多少？为什么有的电话号码是 7 位数，有的是 11 位数呢？分别有哪些数字呢？怎样打电话？

扫码听故事
《春天的电话》

② 认识固定电话和移动电话的基本特征。

引导语：（出示固定和移动电话）这两部电话机有什么区别？分别是什么电话？

小结：固定电话，简称固话，俗称座机，指固定在某个位置上不移动的电话机。移动电话，或称为无线电话，通常称为

手机，原本只是一种通信工具，早期又有大哥大的俗称，是可以在较广范围内使用的便携式电话终端，最早是由美国贝尔实验室在1940年制造的战地移动电话机发展而来的。

❸ **认识固定电话和移动电话的发展史。**

引导语：（出示实物或图片）这是固定电话还是移动电话？你最喜欢使用哪种电话？为什么？

❹ **了解本地固定电话、移动电话的基本特征。**

引导语：说出你家里的固定电话号码或家人的移动电话号码，这些固定电话号码或移动电话号码有什么相同之处。

小结：本地固定电话是7位数（或8位数），其中第一个数字是……移动电话是11位数，其中第一个数字是1。其他数字是0~9的数字。

❺ **运用0~9的数字设计电话号码，感受数字的丰富变化。**

引导语：很多小动物也想有一个固定电话和移动电话，我们为它们设计一下电话号码，好吗？你能用0~9的数字设计多少个固定电话和移动电话号码呢？请你用数字小印章把设计的电话号码印出来。

❻ **了解其他类型的电话号码。**

你还知道有哪些电话号码？分别表示什么意思？分别是几个数字的？

活动反思：（你在实施这个课程中有何感想？）

6. 小手棒棒棒

活动目标

① 会用对应的方法比较两组物体的多或少，还是一样多。
② 启发孩子能根据图形的标记变化进行数数。
③ 培养孩子观察、分析、比较的能力。

活动准备

① 花生、黄豆、红枣等食品及其他形状（正方形、三角形等）的物品若干。
② 图表。

活动内容

① 认识花生、黄豆、红枣等物品。

引导语：这是什么？是什么形状、颜色的？大小一样吗？

② 游戏：运用图表记录法进行记录或比较。
● 抓一抓。

玩法：用手抓花生（黄豆、红枣），记录每一次抓的数量，观察每次抓的是否一样多。

思考：用什么方法才能抓到更多的花生（黄豆、红枣）？

6. 小手棒棒棒

物品	第1次	第2次	第3次	第4次	第5次
🥜	●● 2	●●●● 4			
🫘	●●●●● 5	●●● 3			
🫒	● 1	●● 2			

- 比一比。

玩法：把花生、黄豆、红枣等放在一起。幼儿用手抓一把，记录每次每样东西各抓了几颗，观察每次抓的东西数量是否一样，比较两者之间的多或少。

物品	第1次		第2次	
🥜	●● 2	🥜比🫘少3	●●●● 4	🥜比🫘多1
🫘	●●●●● 5	🫘比🫒多4 红枣（图）比花生（图）少1	●●● 3	🫘比🫒多1 🫒比🫘少2
🫒	● 1		●● 2	

物品	第1次	第2次	第3次	第4次	第5次
🥜	●●● 3	●●●● 4			
🔺	●●●● 4	●●● 3			

❸ 尝试抓其他形状的物品，在同一时间内比较哪种物品抓得多，并说明原因。

❹ 动手做一做。

- 比一比。

比一比，请在多的物品旁的 ☐ 里打"√"。

- 试一试。

请你试一试，用什么方法让每组的物品一样多。

活动反思：（你在实施这个课程中有何感想？）

7. 比较轻重

活动目标

❶ 通过看一看、提一提、称一称的活动,感知、比较物体的轻重,正确运用"轻""重"表述物体重量。

❷ 初步理解轻重的相对性,并按物体轻重进行正、逆排序。感知物体的轻重与物体的体积大小之间没有必然联系。

❸ 培养孩子的观察能力和动手能力,激发探索的兴趣。

活动准备

天秤、袋子、雪花片、各种食品等。

活动内容

❶ 学习比较两个物体的轻重,能正确运用"轻""重"词语表述物体重量的比较结果。

引导语:(爸爸抱孩子,孩子抱爸爸)为什么爸爸能抱起孩子,孩子抱不起爸爸?爸爸和孩子,谁重谁轻?

小结:我们用眼睛一看就知道了爸爸比孩子重,孩子比爸爸轻。

❷ 能用多种方法比较物体的轻重。

● 引导语:(出示大袋物品和小袋物品)提一提,看看哪个轻,哪个重。

小结:有时候眼睛看到的不一定准确,这时你可以用手提一提,再判断物体的轻重。

● 出示雪花片和梨，介绍秤，通过工具称一称，比较两个物体的轻重，还可以尝试用多种方法比较物体的轻重。

小结：比较物体的轻重有很多方法，可以用眼睛看一看，用手提一提，还可以用工具称一称。

❸ 比较和讨论三个物体轻重，初步理解轻重的相对性。

引导语：（出示苹果、雪花片、实心球）看一看，提一提，称一称，哪个比哪个重，哪个物品最重，按照从轻到重或从重到轻的顺序排列出来。

❹ 动手做一做。

● 看一看。

看看每组图片，哪个轻？哪个重？在重的一方下的 ☐ 打"√"。

● 涂一涂。

在 ☐ 里涂颜色，最轻的涂红色，最重的涂黄色。

7. 比较轻重

● 比一比。

看看哪个最轻，哪个最重，在最轻的物品下的 ☐ 里画"▲"，在最重的物品下的 ☐ 里画"●"。

活动反思：（你在实施这个课程中有何感想？）

8. 说一说，做一做

活动目标

❶ 学习单向序数，初步建立序数的概念。
❷ 掌握序数词，会用"第几"准确表示自己在序列中的位置。
❸ 锻炼孩子的观察能力和判断能力，提高动手操作能力。

活动准备

各种小动物图片若干。

活动内容

❶ 初步感知单向序数。

● 游戏——谁最棒。

玩法：孩子在班上（或家里）吃饭或做其他事情时，引导孩子说说谁吃（做）得快，谁第一名，谁第二名，谁第三名。

● 游戏——数一数。

玩法：上楼梯（电梯）时一层一层地数。

● 游戏——比赛排行榜。

玩法：各种比赛当中，说说谁排第几，得了第几名。

❷ 游戏：感知不同的排列顺序和方法。

● 看一看。

玩法：（出示小动物卡片）说一说小熊猫排第几，小刺猬排第几。

● 我说你做。

A 玩法：（出示几种小动物卡片）妈妈说："小鸡排第一。"孩子们根据要求排列好，然后分别说出哪个动物排第几。再引导孩子想想还有多少种排列方法。

B 玩法：（出示几种小动物卡片）妈妈说："小鸭排第一，小狗排第三。"孩子们根据要求排列好，然后分别说出哪个动物排第几。再引导孩子想想还有多少种排列方法。

❸ 巩固对不同排列顺序的认识。

观察生活中各种物品在不同场合的排列顺序。

❹ 动手做一做。

● 涂一涂。

请你把第1、第3、第6、第8个水果涂上红色，第2、第4、第5、第10个水果涂上黄色，第7、第9个水果涂上绿色。

● 排一排。

五只小动物进行排队，每组的排列顺序各不相同，试试每组各有几种不同的排法。

活动反思：（你在实施这个课程中有何感想？）

9. 找一找

活动目标

① 能以不同方向为起点，认识10以内的序数。
② 掌握序数词，会用"第几"准确地表示在序列中的位置。
③ 喜欢参与游戏，并从中获得快乐。

活动准备

小动物图片若干。

活动内容

① 感知从左（右）到右（左），认识10以内的序数。

引导语：（出示图片1）宝宝，看一看，从左（右）边起，图上的小男孩分别排在第几？从左（右）边数，穿红裙子（红鞋子）的女孩子排第几？从左（右）边数，第几个小朋友穿黄鞋子？

② 感知从不同的方向为起点，认识10以内的序数。

• 排队。

引导语：（出示图片2）一共有几队人？从左（右）往右（左）数，这是第几组？谁站在第几组的第几位？第几组的第几位是谁？

● 送小动物回家。

引导语：（出示图片3）这里有几排房子？第几排第几栋楼有几层？从左（上）往右（下）数，请把小猫送回第几排第几栋第几层第几间的房子里。

❸ 巩固对10以内序数的认识。

● 引导孩子观察马路上有几条车道，从左（右）往右（左），有什么车在什么车道，什么车排在第几车道的第几位。

● 引导孩子观察不同物品在不同场合、以不同方向为起点的排列顺序。

❹ 动手做一做。

● 涂一涂。

A. 从左往右数，请把排在第1、第3、第5的小动物涂上颜色。

B. 从右往左数，请把排在第2、第5的昆虫涂上颜色。

9. 拌一拌

● 圈一圈。

根据不同的指令，请把相对应的物品圈起来，并说出它的名字。

A. 从上往下数，把第（1）列第 3 个水果圈起来。
B. 从下往上数，把第（2）列第 1 个蔬菜圈起来。
C. 从下往上数，把第（3）列第 2、第 4 个食物圈起来。

活动反思：（你在实施这个课程中有何感想？）

10. 好邻居

活动目标

① 感知并理解相邻数的数量关系，能说出一个数的两个相邻数。
② 巩固理解 10 以内各个数的相邻数。
③ 培养孩子的空间思维能力和动手操作能力。

活动准备

数字卡片若干。

活动内容

① 初步理解相邻数的数量关系。

引导语：宝宝，我们现在住在第几层？（第 5 层）再上一层是第几层？下一层是第几层？第 5 层比第 4 层高几层？第 5 层比第 6 层低几层？

小结：相邻数——相互之间差为 1 的自然数。一个数的相邻数是比它少 1 和多 1 的两个数。5 比 4 多 1，5 比 6 少 1，所以，5 的相邻数是 4 和 6。

② 游戏：进一步巩固 10 以内的相邻数。

- 谁摆得对。

玩法：出示一个数字，引导孩子摆出其相邻数。

- 找朋友。

玩法：一个人拿着一个数字，另外两个人拿着这个数字的相邻数站在旁边。

- 看谁说得又快又对。

玩法：一个人说出一个数字，另一个人立即说出它的相邻数。

③ 学习儿童歌谣《相邻数》，巩固对相邻数的理解。

10. 好邻居

相邻数

1 到 10，10 到 1，数字城堡多数字，
相邻数，不难记，与前与后相差 1；
哥哥手拿 1 只梨，弟弟怀抱 2 只鸡，
1 和 2，相差 1，快快乐乐做邻居；
姐姐裁了 2 张纸，妹妹写了 3 页字，
2 和 3，也相邻，手拉手儿不分离；
池塘里有 3 只鸭，旁边蹲着 4 只蛙，
3 和 4，来做伴，互相照顾不孤单；
树上住着 4 只鸟，树下蹲着 5 条狗，
小鸟唱歌小狗叫，4、5 相邻关系好；
水里游着 5 条鱼，岸上跑来 6 只鸡，
你追我，我逗你，5、6 也是好邻居；
6 只小猫前面跑，7 只小兔后面赶，
小猫小兔玩赛跑，6、7 兄弟哥俩好；
天上 7 只大雁飞，地上 8 个小孩追，
天上地下离不远，7、8 一起永相随；
8 只蝴蝶花间绕，9 只蜜蜂藏花里，
蝴蝶蜜蜂来采蜜，8、9 一起做游戏；
9 个盒子放桌上，10 块蛋糕旁边放，
蛋糕要往盒里装，9、10 关系不一般。

❹ 动手做一做。

- 画一画。

按照表格的提示，画出每格圆点的相邻数。

	●●	2	
	●●●●●●	6	
	●●●●●●●●	8	
	●●●	3	
	●●●●●●●	7	

续上表

	●●●●	4	
	●●●●●●●●●	9	
	●●●●●	5	

● 找一找。

请你把它们的邻居找出来。

● 连一连。

请把它的两位邻居连起来。

1 2 3 4 5 6 7 8 9 10

活动反思：（你在实施这个课程中有何感想？）

11. 停车场管理员

活动目标

❶ 学习用图表的方式进行简单的统计。
❷ 认识常见的车辆品牌，知道它们的标志。
❸ 培养孩子初步的统计能力。

活动准备

❶ 各种车辆品牌标志的小卡片。
❷ 图表一张。
❸ 小圆点、数字卡片若干。

活动内容

❶ 认识车辆的品牌，增加对交通工具的了解。

引导语：（出示各种车辆的品牌标志）你知道这是什么品牌的车吗？你还见过什么品牌的车辆？

● 游戏——看谁最厉害。

玩法：家长（孩子）出示车辆品牌标志图，孩子（家长）分别说出其名称。

❷ 激发孩子对统计的兴趣。

引导语：（带孩子到停车场）宝宝你看，停车场里有那么多车，今天停车场管理员叔叔休假了，我们来帮他管理一下停车场吧。但是，作为管理员，我们必须要知道停车场有多少辆车，分别是什么品牌和颜色的。

比亚迪

广汽传祺

中国一汽

本田	北京现代	东风悦达·起亚
大众	宝马	雷克萨斯
奔驰	丰田	福特

❸ 学习简单的统计方法。

引导孩子把相关的车辆品牌标志的小卡片贴在已准备的空白图表的空格上，再根据颜色进行分类和统计，每一辆车在相应的表格内贴上一个小圆点，最后进行汇总。

❹ 学习两者之间的比较。

引导语：哪种品牌的车比哪种品牌的车多？哪种品牌的车最多（少）?

品牌	🔴	⚪	⚫	⬤	合计	比较
	5	2	4	1	12	BYD 比 KIA 多 1
BYD						
大众						
KIA						

11. 停车场管理员

续上表

品牌	🔴	○	●	⬤	合计	比较
Hyundai						
Honda						
Mercedes						
BMW						

活动反思：（你在实施这个课程中有何感想？）

12. 两个好朋友

活动目标

❶ 巩固理解单、双数的概念，认识 10 以内的单双数。
❷ 学习正确使用量词"一双"。
❸ 培养孩子的观察能力和语言表达能力。

活动准备

袜子、鞋子、手套、筷子等各若干。

活动内容

❶ 认识单、双数，巩固对其概念的理解。

引导语：（出示数量不同的物品）这是什么？有几个？两个两个地数，看看结果会怎么样？1～10 的数字中，哪个是双数？哪个是单数？

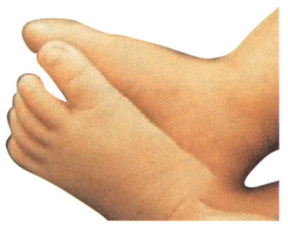

小结：两个两个地数，刚好成双的就是双数，多一个或少一个的就是单数。

❷ 尝试从人体中学习量词，理解双数的概念。

引导语：宝宝，这是什么（眼睛、鼻子、耳朵）？有几个？用什么数字来表示？（两只眼睛）还可以怎么说？（一双眼睛、一双手、一双脚）一只

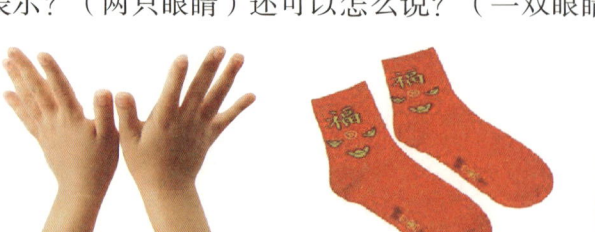

脚穿几只袜子？两只袜子又可以怎么说？（一双袜子）还有什么是可以用一双来表示的？

小结：一双是指用于成对的两物。

❸ 寻找生活中可以用一双表示的物体。

引导语：我们知道还有什么是可以用一双来表示的？（一双筷子、一双手套、一双鞋）

❹ 学唱歌曲《我有一双小小手》，巩固对量词"一双"的认识。

❺ 动手做一做。

● 圈一圈。

请你把以下每组图片两个两个地圈起来，看看是单数还是双数。

扫码学唱歌曲
《我有一双小小手》

● 涂一涂。

请你把单数涂成红色，双数涂成绿色。

● 连一连。

请你把以下能凑成一双的物品连起来。

   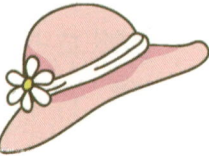

 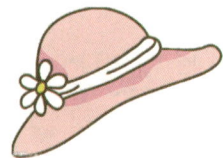  

活动反思：（你在实施这个课程中有何感想？）

13. 会说话的车票

活动目标

❶ 理解数字在生活中所表示的意思及其重要性。
❷ 学习从车票中读懂相关的信息。
❸ 培养孩子的探索精神及自我保护能力。

活动准备

各种各样的车票若干。

活动内容

❶ 设计问题，引发孩子的兴趣。

引导语：宝宝，如果我们想去北京玩，可以乘坐什么交通工具呢？（开汽车、坐火车、坐飞机、坐高铁）去哪里坐？怎样才可以坐上火车或飞机呢？去哪里可以买票？你从哪知道是坐哪辆车呢？

❷ 了解各种车票的信息。

引导语：A．这是什么票？（飞机票、高铁票）这是从什么地方到什么地方的？从哪里可以看出来？坐什么型号的车？检票口在几号？什么时间出发？几号车？哪个座位？是什么等次的座位？从什么渠道买的？多少钱？坐车的人是谁？

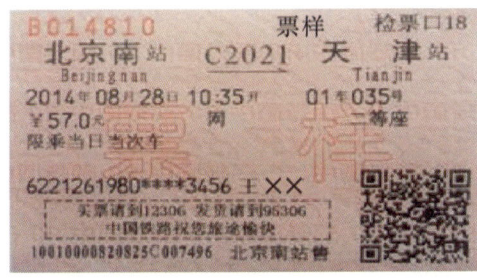 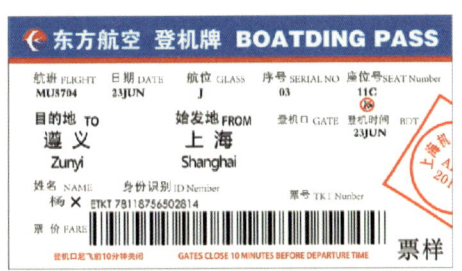

 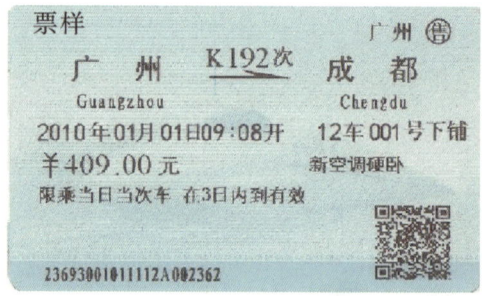

B. 这是哪家航空公司出的票？航班号是哪个？是什么时候的？航位是哪个位置？座位号是什么？出发地点是哪？到达什么地方？哪个登机口？登机时间是什么时候？登机口在起飞前几分钟关闭？这是谁的票？

C. 你还见过什么样的车票？

❸ **强化安全意识及自我保护意识。**

引导语：当你在火车站（机场）等地方与爸爸妈妈走散时，你会怎样做？当你坐错了火车（飞机）时，又应该怎样做？当有陌生人说要带你去找爸爸妈妈时，你会跟他走吗？

❹ 在成人的指导下乘火车（飞机）。

❺ 引导收集各种不同的票据（汽车票、火车票、飞机票），引导孩子读懂票面上的信息。

活动反思：（你在实施这个课程中有何感想？）

14. 我最棒

活动目标

❶ 知道以自身或客体为中心区分前后空间方位,并能用前后方位词描述物体的相对位置。
❷ 按照指定的前后方位运动,体验运动带来的乐趣。
❸ 培养孩子的方向感。

活动内容

❶ 学唱歌曲《头发、肩膀、膝盖、脚》,激发孩子的兴趣。

❷ 以自己为中心区分前后。

引导语:宝宝,摸摸自己的鼻子(眼睛、嘴巴),鼻子在我们身体的前面还是后面?屁股在我们身体的前面还是后面?

扫码学唱歌曲
《头发、肩膀、膝盖、脚》

❸ 巩固以自己为中心的前后空间方位。

● 游戏——看谁反应快。

玩法:当妈妈说前面时,孩子就指鼻子、眼睛、嘴巴等在身体前面的器官,当说后面时就拍拍屁股等身体后面的部位。

❹ 初步理解以客体为中心区分前后。

● 游戏——找方向。

玩法:当老师捏捏鼻子或指指眼睛,孩子就到老师的前面来;拍拍屁股就到老师的后面去。引导幼儿根据老师的指令动作做,并说说自己到老师的前面还是后面。

❺ 进一步巩固以客体为中心区分前后。

● 游戏——我最棒。

玩法：当妈妈说，快躲在（椅子、沙发）的前（后）面时，孩子和其他家人立即跑到相对应的位置。躲错了位置的就要在脸上贴一张小纸条，最后谁的小纸条最少谁就是最棒的。

延伸：引导孩子观察谁（什么）的前（后）面分别有谁（什么）。

❻ 动手做一做。

● 看一看，说一说。

A．水壶前面有（　　）个小朋友。

B．小芳在（　　）的前面，（　　）的后面。

C．小明后面有（　　）个小朋友。

● 涂一涂。

请把桃子和桃子前面的水果涂红色，把桃子后面的水果涂黄色。

14. 我最棒

● 数一数。

A. 一共有（　　）种水果。

B. 从左往右数，排第（　　），从右往左数，排第（　　）。

C. 前面有（　　）种水果，后面有（　　）种水果。

活动反思：（你在实施这个课程中有何感想？）

15. 十二生肖

活动目标

❶ 了解十二生肖所包括的十二种动物及其排列顺序，感知十二生肖一年一种属相的规律。
❷ 知道自己和亲人的属相，培养关心亲人的情感。
❸ 通过游戏巩固认识，培养幼儿简单的推理能力。

活动准备

❶ 生肖挂历一张。
❷ 十二生肖图片若干。

活动内容

❶ 观察生活中或日历等的十二生肖，引发孩子的兴趣。

引导语：宝宝，你看看，这些是什么动物？你还在哪里看到这个或其他的动物？为什么会有这些动物？表示什么意思？

❷ 听故事《十二生肖》，了解十二生肖的由来和排列顺序。

讨论：十二生肖里一共有多少只小动物？分别是什么？玉皇大帝对小动物进行了哪些比赛？第一个比赛项目是什么？第二个呢？谁参加了什么项目的比赛？结果怎么样？最后，十二只小动物的排列顺序是怎么样的？十二生肖表示什么意思？

小结：十二生肖是中国人很早就发明的，只有中国人才有。我们用十二

扫码听故事
《十二生肖》

种动物作标志,一种动物表示一个生肖,也就是一个属相。

❸ 了解亲朋好友或其他小朋友的属相,进一步理解十二生肖轮回的规律。

引导语:你知道爸爸的出生年份吗?他的属相是什么呢?妈妈的属相呢?为什么妈妈的年龄跟你不一样,可是属相是一样的?你们班上小朋友的属相是一样的吗?为什么?

❹ 学习歌曲《十二属相歌》,进一步巩固对十二生肖的理解。

扫码听歌曲
《十二属相歌》

❺ 动手做一做。

● 排一排。

请你把它们相对应的排列顺序写在 ☐ 里。

● 贴一贴。

请你根据十二生肖的排列顺序,把相对应的生肖贴在 ☐ 里。

● 涂一涂。

A. 请你把排在第二、第八和第十的生肖涂上颜色。

B. 请你把排在倒数第二、第六和第九的生肖涂上颜色。

● 查一查，找一找。

把亲朋好友的出生年份、年龄和属相记录并进行分析，找出其规律。

序号	姓名	出生年份	年龄（周岁）	属相

活动反思：（你在实施这个课程中有何感想？）

16. 逛超市

活动目标

❶ 在参观过程中学习观察物品的价格，并初步学会认读价格，知道标签上的数字所表示的意义。
❷ 初步认识人民币，感知其在人们生活中的作用。
❸ 体验购物的乐趣，了解钱币与购物的关系，养成正确的消费观念。

活动准备

❶ 不同面值的人民币若干。
❷ 饼干、图书等物品。
❸ 价格标签图片若干。

活动内容

❶ 初步认识人民币和价格的作用和意义。

引导语：（出示人民币）宝宝，这是什么啊？是多少钱？从哪里看出来？还有这些数字表示什么意思？（EW09225791、2005 年）人民币上还有哪些字数？

16. 逛超市

（出示饼干和图书）你知道这袋饼干多少钱吗？这本图书多少钱？从哪里可以看出来？这些数字表示什么意思？教孩子认读百位、十位及带小数点的价格。

（出示价格标签图片）这个物品是多少钱？中间这个点表示什么意思？找一找我们家里有什么东西是标示着价格的？（书本、新衣服的吊牌等）

小结：价格通常都是用数字表示的，单位是元。

❷ 寻找、认识商品的价格，培养幼儿的消费观。
- 通过网上购物商城认读商品的价格。
- 超市购物。带孩子到超市练习认读价格。

❸ 体验买卖过程，形成正确的消费观念。
- 带孩子到超市，给孩子 5 张面值一元的钱，了解孩子想买什么，并一起讨论五块钱是否能购买此商品。
- 告诉孩子你工作一天能赚到多少钱，与孩子讨论并一起策划这些钱应该如何开销（如买菜、买日用品、看医生等），让孩子体验父母的辛勤劳动。

活动反思：（你在实施这个课程中有何感想？）

17. 图形宝宝

活动目标

❶ 初步认识圆形、三角形、正方形和长方形，知道它们的名称和基本特征。
❷ 能在周围环境中找到与指定图形相似的物品或物品的某一部分。
❸ 初步培养孩子观察、想象和语言表达的能力。

活动准备

❶ 卡纸剪成的圆形、三角形、正方形和长方形。
❷ 准备一些圆形、三角形、正方形的物品或物品图片。

活动内容

❶ 初步认识圆形、三角形、正方形和长方形的名称和基本特征。
• 认识圆形，感知圆形的基本特征。

引导语：（出示一个圆形的盘子）宝宝，这个盘子是什么形状的？（再出示其他圆形的物体）引导孩子看一看，摸一摸，感知圆形的特征。你还见过哪些东西是圆形的？

小结：圆形——圆溜溜，没有角，滚来滚去真能跑。

• 认识正方形、长方形，感知正方形和长方形的相同点和不同点，以及它们的基本特征。

17. 图形宝宝

引导语：（出示长方形和正方形的盒子）宝宝，这两个盒子和圆形有什么不一样的地方？这是什么图形？（再出示其他正方形和长方形的物品）你看一看，摸一摸，比一比，它们都有几条边？几个角？有什么相同和不同的地方？还有哪些东西是长方形和正方形的？

小结：

长方形——对边一样长，四个角一样大，大大方方本事好。

正方形——四条边一样长，四个角一样大，方方正正真有用。

- 认识三角形，了解其与长方形、正方形的特征区别。

引导语：（出示三角形的积木）宝宝，这块积木有多少条边？多少个角？是什么图形？说一说见过的三角形物品。

小结：三角形——三条边，三个角，像座小山坐得牢。

❷ 巩固对圆形、三角形、正方形、长方形基本特征的理解。

- 游戏——说说我是谁。

玩法：妈妈出示图形，孩子说出其名称。

- 游戏——我说你找。

玩法：妈妈说："我是三角形。"孩子从一堆图形中找出三角形。

- 游戏——猜一猜，看谁找得对。

玩法：妈妈说："我有三条边，三个角，像座小山坐得牢。你猜我是谁？"妈妈说完，孩子找出相对应的图形并说出它的名字。

- 游戏——找家。

玩法：把各种图形混在一起，引导孩子把各种图形找出来放在一起。数一数各种图形各有多少个，可以用什么数字来表示，哪种图形最多，哪种最少。

- 游戏——比一比。

玩法：出示两个智力盒，妈妈和孩子比赛，看谁能最快把图形装进智力盒里。

❸ 朗读儿歌《图形》，进一步巩固对图形的理解。

图 形

小圆形，圆溜溜，没有角，像个车轮转转转，像个钟面圆又圆。

正方形，四条边，四个角，四条边一样长，四个角一样大，方方正正真有用。

长方形，四条边，四个角，对边一样长，四个角一样大，大大方方本事好。

三角形，三个角，尖尖的，三条边，直直的，三角三边紧相连。

❺ 找找生活中所出现的物品是什么图形的（或里面包括了什么图形）。

❻ 动手做一做。

● 连一连。

把相同的图形连起来。

  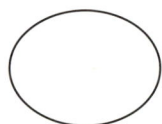  

● 涂一涂。

根据提示把下面的图形涂上相对应的颜色。

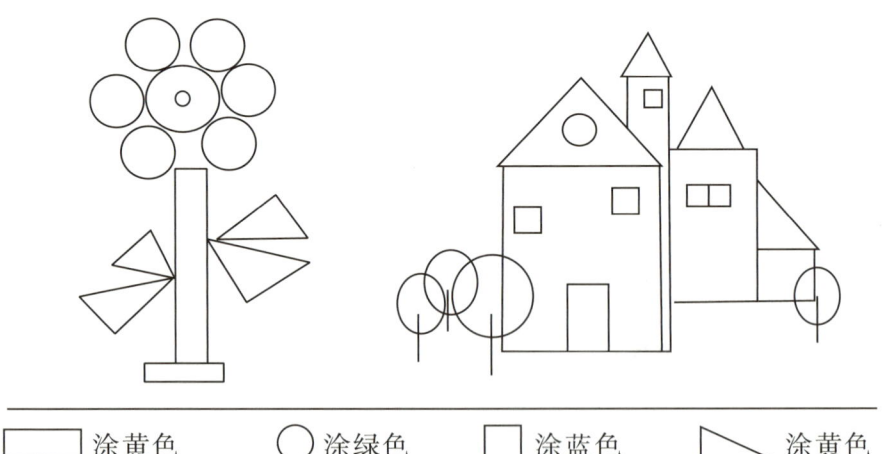

17. 图形宝宝

- 数一数。

数一数,孔雀由(　　)个三角形拼成。

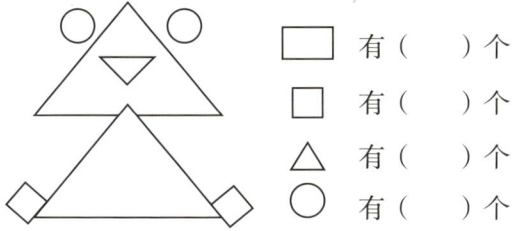

▢ 有(　)个
▢ 有(　)个
△ 有(　)个
○ 有(　)个

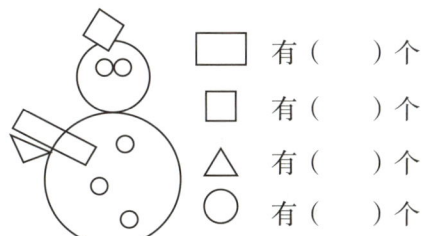

▢ 有(　)个
▢ 有(　)个
△ 有(　)个
○ 有(　)个

▢ 有(　)个
▢ 有(　)个
△ 有(　)个
○ 有(　)个

活动反思:(你在实施这个课程中有何感想?)

18. 图形宝宝变形记

活动目标

❶ 会进行图形折叠、分割、拼摆，使图形变化，辨认三角形、长方形、正方形及其关系，用不同的几何图形拼出图形。
❷ 感受图形在生活中的作用和意义。
❸ 发展孩子的动手动脑能力。

活动准备

❶ 各种图形卡片或积木。
❷ 示范画（作品）若干。

活动内容

❶ 复习巩固对图形特征的认识。

引导语：复习儿歌《图形歌》，（出示各种图形）这是什么图形？有没有边角？有几条边几个角？

图 形 歌

大圆形，圆又圆，变个皮球滚得远；
正方形，四个角，方方正正像城堡；
三角形，尖又尖，像座大山站前边；
长方形，两边长，横像书本竖像床；
再来一颗大金星，爬上天空摘星星。

❷ 学习用图形进行折叠、分割等，使图形发生变化，巩固对图形的认识。

引导语：宝宝，想想用什么办法可以把一个三角形变成两个三角形、一个正方形变成四个正方形和若干个三角形、一个长方形变成若干个正方形和长方形？用三角形可以变成长方形（正方形）吗？长方形可以变为正方形吗？

❸ 用不同的图形粘贴出不同的图案。

引导语：（出示示范画）这是什么？是由什么图形拼成的？还可以用图形拼成什么？

❹ 寻找生活中的各种物品，分析它们是由什么图形组合而成的。

❺ 创新设计：用图形拼出新的物体（如未来的房子、汽车等）。

❻ 动手做一做。

● 拼一拼。

你能用 ☐、△、○、▭ 拼出哪些物体呢？试试吧。

● 数一数。

请你数一数，以下这些图形里各有几个正方形、长方形、三角形。

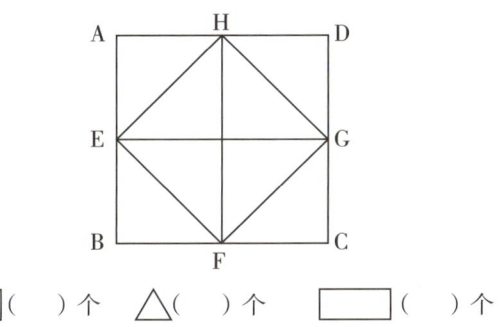

☐（　）个　　△（　）个　　▭（　）个

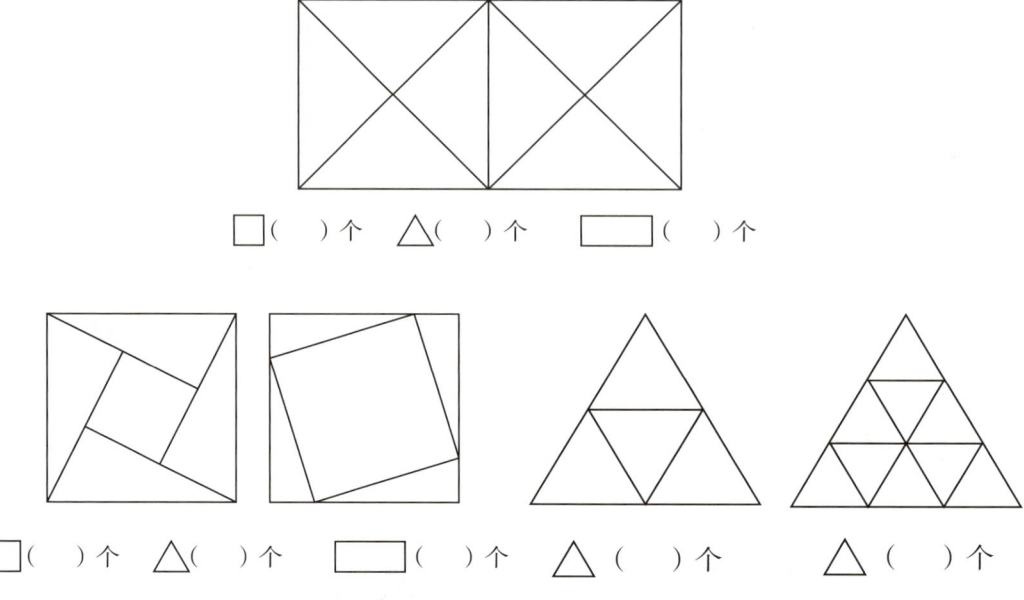

- 变一变。

看看这只小青蛙是用什么图形变出来的，你能用不同的图形变出不同的物体吗？试试吧。

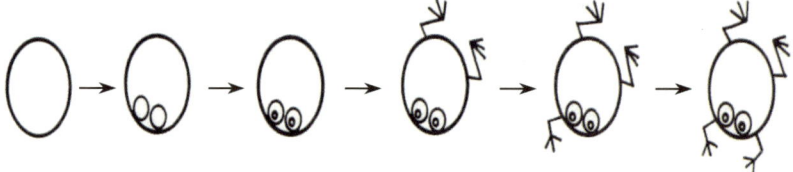

活动反思：（你在实施这个课程中有何感想？）

19. 分鞋子

活动目标

❶ 学习按物品的某种特征分类。
❷ 能用不同的方式统计不同材料、款式的鞋子的数量，并比较数量的多少。
❸ 发展孩子思维的有序性。

活动准备

各种鞋的图片或实物。

活动内容

❶ 观察自己的鞋子，引导孩子想想自己有什么样的鞋子。

引导语：宝宝，这是什么？它是什么颜色的？你还有什么样的鞋子？一共有几双鞋子？分别是什么颜色的？

❷ 认识不同材料、款式的鞋及其作用。

引导语：（出示家人的鞋子）这是用什么材料做的？是什么鞋？（布鞋、皮鞋、球鞋、旅游鞋、棉鞋）这些鞋子分别有什么好和不好的地方？你有哪些鞋子？

❸ 分鞋子，学习按鞋子的某种特征进行分类、比较，尝试用简单的自创方法进行记录。

● 方法一：按人进行分类并比较。

引导孩子把家人的鞋子分类，并说说谁的鞋子有多少双，可以用什么数字来表示，谁比谁的多（少），多（少）多少。

- 方法二：按颜色、种类等进行分类。

引导孩子数数家里鞋子红色、黄色、黑色等（或布鞋、皮鞋等）各有几双，用什么数字来表示，什么颜色（种类）的比什么颜色（种类）的多（少），多（少）多少。

- 方法三：引导孩子想想还有没有其他的分类方法，说说并进行分类、记录。

❹ 初步尝试用统计的方法对鞋子进行分类。

人物	种类						颜色				
	皮鞋	布鞋	凉鞋	拖鞋	运动鞋	靴子	红色	黑色	白色	棕色	黄色
爷爷/外公											
奶奶/外婆											
爸爸											
妈妈											
哥哥/弟弟											
姐姐/妹妹											

活动反思：（你在实施这个课程中有何感想？）

20. 时间宝宝

活动目标

❶ 学习区分早上、中午、晚上，感知一天中的不同时段，知道太阳从东边升起、从西边落下。
❷ 按照自己的生活作息，简单讲述自己的一日生活。
❸ 培养孩子的时间观念。

活动准备

3 张不同时间段的影子图片。

活动内容

❶ 结合已有的知识经验，将时间与生活进行联系，能比较清楚地区分早上、中午和晚上。

引导语：太阳公公升起来的时候，我们在做什么呢？这个时间段给它起个什么名字？（早上）这个时候我们在户外晒太阳有什么感觉？太阳公公升到我们头顶的时候呢？爸爸妈妈来接我们的时候呢？早上的太阳是从什么方向升起来的呢？晚上又是从什么方向落下去的呢？

❷ 说说不同时间段人们的工作，进一步理解一天中的不同时段。

引导语：说说家人或其他人在不同的时间段的不同工作，如早晨，妈妈很早就起床为我们做早餐，环卫工人在大街上扫地等。

❸ **讲述自己的一日生活。**

引导孩子向家人或同伴讲述自己的一日生活，知道什么时段应该做什么。

❹ **游戏"踩影子"，进一步巩固对早上、中午、晚上的认知。**

早上、中午、晚上分别带孩子去户外进行"踩影子"的游戏，感受不同时间段太阳所在的位置。

❺ **学唱歌曲《时间像小马车》，教育孩子要珍惜时间。**

扫码学唱歌曲
《时间像小马车》

活动反思：（你在实施这个课程中有何感想？）

21. 漂亮的车

活动目标

① 初步认识车辆的功能及特点,了解特殊车辆与普通车辆的区别。
② 建立基本的交通安全观念。
③ 培养孩子的观察能力和语言表达能力。

活动准备

① 带孩子观察各种各样的车。
② 各种车辆的图片若干。

活动内容

① 初步认识车辆的功能和特点。

引导语:(带幼儿观察各种车辆)这是什么车?(公共汽车、救护车、大货车、小轿车、火车、高铁、轻轨)这些车是干什么的?

② 猜谜语:

下雨车,下雨车,边下雨来边唱歌。请问这是什么车?(洒水车)

大嘴车,大嘴车,边吃垃圾边唱歌。请问这是什么车?(垃圾车)

长长一条龙,走路轰隆隆,跨河又钻洞,呜呜向前冲,载客又运货,运输立大功。请问这是什么车?(火车)

用脚踩,不需要用汽油的车。请问这是什么车?(自行车)

要排队一个一个投币才能坐的车?(公共汽车)

你只要上车,告诉司机要到哪里,司机就会打表并送你到目的地。请问这是什么车?(出租车)

拨打119,开来什么车?(消防车)

抓坏人的时候,警察就会开着它出来。请问这是什么车?(警车)

拨打120,开来什么车?(救护车)

❸ 认识车轮及车牌的排列。

引导语:你还见过什么样的车?这辆车有多少个轮子?车轮是什么形状的?火车、高铁、轻轨的车轮与普通车辆的车轮有什么区别?每辆车车牌上的数字排列是否相同?为什么?

❹ 了解特殊车辆与普通车辆车牌的区别。

引导语:(出示武警车、消防车、警车等图片)这是什么车?车牌上的颜色或其他标志与我们家的车是一样的吗?有什么不同?

❺ 找找马路上各种不同车牌的车,知道它们所表示的意思。

引导语:你还见过什么颜色的车牌?知道它们所表示的意思吗?

❻ 学习儿歌《红绿灯》。

红 绿 灯

嘀嘀嘀,汽车叫;汽车来了我让道;
过马路,左右瞧;走路要走人行道;
不玩耍,不乱跑;安全第一我知道;
红灯停,绿灯行;交通规则别忘掉。

21. 漂亮的车

❼ 学唱歌曲《这是什么车》。

❽ 动手做一做。

● 连一连。

请把这些车与它的名字连起来。

扫码学唱歌曲
《这是什么车》

消防车

火车

垃圾车

洒水车

急救车

警车

自行车

公共汽车

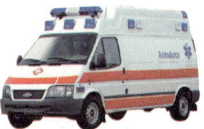

- 找朋友。

找一找，谁跟谁是好朋友，把它们连起来。

 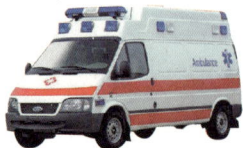 

| 119 | 120 | 110 |

活动反思：（你在实施这个课程中有何感想？）

22. 掷骰子

活动目标

1. 学习根据骰子面上的点数比较多少。
2. 激发孩子学习数学的兴趣。
3. 培养孩子的动手操作能力。

活动准备

骰子若干。

活动内容

1. 认识骰子及骰面上的点数。

引导语：（出示骰子）宝宝，这是什么？一共有几个面？每个面各有几个点？分别可以用什么数字来表示？

2. 掷骰子点数比较。

• 两个数进行比较。

引导语：（两个人掷骰子）看看每个人的骰面上有几个点，用什么数字来表示？说说几比几多（少）多少（如5比4多1，5比6少1）。

• 三个数进行比较。

引导语：（三个人掷骰子）看看每个人的骰面上有几个点，用什么数字

表示？说说几比几多（少）多少。

❸ 初步感知两个数相加的加法。

掷两个骰子，然后说说：各个骰面各有几个点，用什么数字来表示，几个点和几个点合起来一共有几个点，用什么数字来表示。

❹ 学习运用骰子设计其他游戏。

引导孩子运用骰子设计其他游戏并玩耍。

❺ 动手做一做。

● 连一连。

请把圆点与相对应的数字连起来。

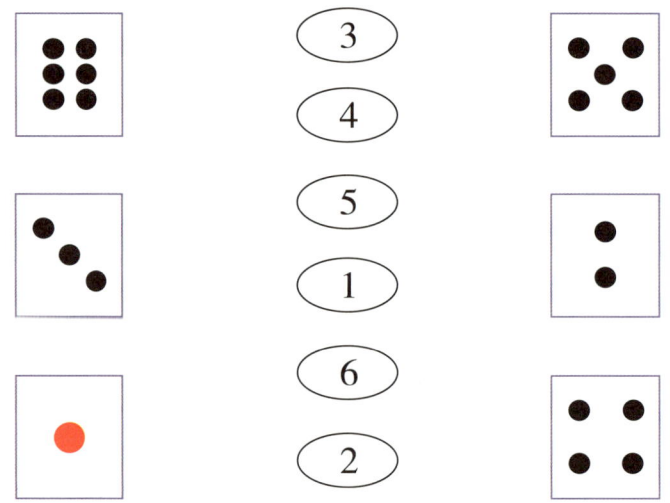

● 找一找。

把骰子每个面的对立面连起来，看看两个对立面共有几个圆点。

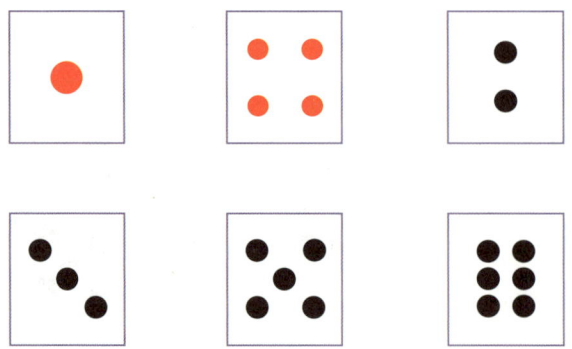

22. 掷骰子

● 比一比。

看看每个图片上的圆点,比较它们的多少,并在括号里填上相对应的数字。

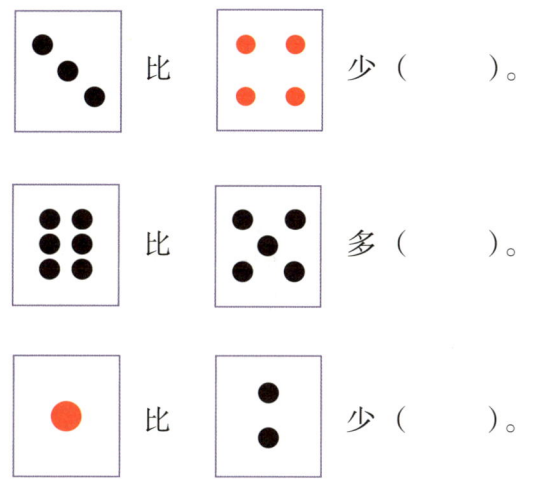

比 少（　　）。

比 多（　　）。

比 少（　　）。

活动反思：（你在实施这个课程中有何感想？）

23. 超市里的数字宝宝

活动目标

1. 观察超市物品上的数字，继续了解数字在人们生活中的作用。
2. 能大胆表达自己对生活中数字的相关认识。
3. 培养孩子的观察力和语言表达能力。

活动准备

各种食品的包装袋。

活动内容

1. 观察包装袋面上数字所表示的意思。

引导语：（出示食品包装袋）你发现上面有什么数字？表示什么意思？

小结：包装袋上有价格标签、厂家电话、生产日期、保质日期、重量等，如020-83184355 是表示厂家的电话号码；2017/09/18 是指生产日期，表示是在这天生产的；2018/09/18 是指保质日期，表示过了这天，食品就变质不能吃了；合格证号是指已通过检测，有这个号码即表示产品合格了。没有生产日期、保质日期、合格证号等的产品就是"三无"产品，不能吃的。还有表示重量的数字等。

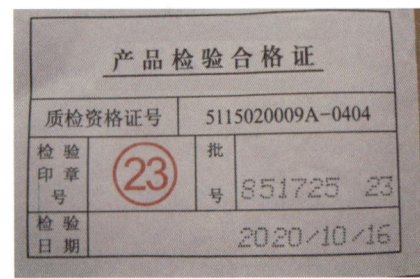

❷ 寻找其他物品上数字所表示的意思。

引导孩子找一找其他物品（如电冰箱、电视机）上的数字，分别表示什么意思？（如生产厂家电话、生产日期、重量、尺寸、型号、价格等）

 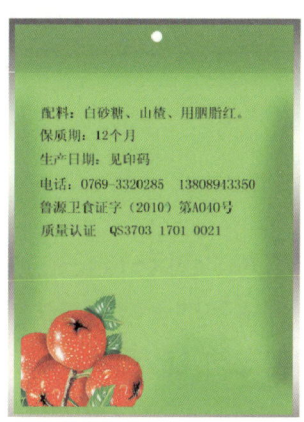

❸ 说说生活中还有哪些地方有数字，分别表示什么意思。如果生活中没有了数字，会是什么样子的？

活动反思：（你在实施这个课程中有何感想？）

24. 画迷宫

活动目标

1. 感知以自己为中心区分自己的左右。
2. 让孩子充分感受数学就在身边。
3. 在游戏中激发幼儿的活动兴趣,培养幼儿动手动脑的能力。

活动准备

笔、纸。

活动内容

1. 学唱歌曲《健康歌》,初步感知左右。
2. 学习通过以自己为中心区分自己的左右。
- 游戏——认识自身的左右手、左右脚。

引导语:说说这是左(右)手,这是左(右)脚。
- 游戏——听口令做动作。

玩法:如爸爸说"伸伸你的左手、跺跺你的右脚、摸摸你的左耳等",孩子按照爸爸的指示伸伸左手、跺跺右脚、摸摸左耳等。
- 游戏——看我做得对不对。

玩法:孩子说指令,家人做动作,然后让孩子检查家人做得对不对。如孩子说"伸出左手",爸爸却伸出右手,要求孩子看看爸爸做得对不对?(重点在理解两个人面对面时,左右的方向是相反的)
- 游戏——听口令转。

玩法:一是家人喊口令(左转、右转),孩子做动作;二是一位家人喊口令(左转、右转),孩子和其他家人做动作(家人可以有意转错),再让

扫码学唱歌曲
《健康歌》

孩子说说谁转错了，进一步巩固对左右的理解。

❸ **通过画迷宫的游戏，进一步巩固对方位词的理解。**

（出示笔和纸）家人说方向，幼儿用不同颜色的圆点、箭头表示走路的步数和方向。（如向左3步，用3个红色的圆点和向左的箭头表示向左边走了3步；再向右5步，用5个黄色的圆点和向右的箭头表示向右边走了5步；向前走7步，用7个绿色的圆点和向前的箭头表示向前走了7步）孩子能完全按照指示画出迷宫就算是完成任务了。

❹ **动手做一做。**

● 涂一涂。

请把小兔左边的萝卜涂成橙色，右边的萝卜涂上红色。

● 圈一圈。

请你把小朋友左边的食物圈起来。

- 画一画。

请你给迷宫的线路图添上颜色。

活动反思：（你在实施这个课程中有何感想？）

25. 变得一样多

活动目标

❶ 在正确感知 10 以内数量的基础上学习比较 10 以内数量的多少。
❷ 学习用"增加"或"减少"的方法把不一样多变成一样多。
❸ 在游戏中体验数学活动的乐趣。

活动准备

各种生活用品或食品等。

活动内容

❶ 学习目测物品的数量,并找出相关的数字进行表示。

引导语:(出示红枣、花生)这是什么?一共有几颗?(要求孩子不能出声进行目测)可以用什么数字来表示?

❷ 学习比较两者或三者之间的多少。

引导语:(出示两种或三种物品)这是什么?一共有几个?用什么数字来表示?谁比谁多(少)多少?

❸ 学习用"增加"或"减少"的方法把不一样多变成一样多。

引导语:(出示两种物品)这是什么?一共有几个?哪个多(少)?用什么方法把它们变得一样多?可以"增加"或"减少"几个?(学说句子:几增加几是几,几减少几是几,几和几一样多)

④ 动手做一做。

● 比一比。

比一比，哪组物品多或最多，请在每组物品旁的 ▭ 里打"√"。

● 变一变。

哪个多？哪个少？想一想，用什么方法把它们变得一样多。

25. 变得一样多 75

活动反思：（你在实施这个课程中有何感想？）

26. 好玩的扑克

活动目标

① 学习比较两个数的大小，巩固对相邻数的认识。
② 按照数量、图形特征对扑克牌进行记录、分类。
③ 在游戏活动中，体验数学活动的乐趣。

活动准备

扑克一副。

活动内容

① 认识2～10数字以及A，J，Q，K。

引导语：（出示2～10扑克牌）宝宝，这些扑克上有什么数字？把相同的数字放在一起。（出示A，J，Q，K）这4张扑克牌有没有数字？你知道它们分别代表什么数字吗？

② 认识扑克牌的图形，按照数量、图形特征进行记录、分类。

• 游戏——认识图形，并按图形进行分类。

玩法：（出示4种印有不同图形的扑克牌）这些扑克牌上面有什么图形？叫什么？（有方块、黑桃、红桃、梅花）找一找，一副扑克牌中相同数字不同图形的扑克各有几张？（4张）分别是什么？（如方块2、黑桃2、红桃2、梅花2）方块2里面有几个方块？（方块2里面有2个方块）

● 游戏——看谁说得对。

玩法：妈妈和宝宝每人一半的扑克牌。妈妈抽出一张牌，并说出这个牌面是什么，宝宝也抽出一张牌并说出牌面是什么。说错了的就贴一张小纸条在脸上，最后谁脸上小纸条多的就输了。

● 游戏——看谁又快又对。

玩法：在一副扑克牌中，妈妈找出一张牌（如红桃9），说"红桃9"，宝宝立即找出一张牌（方块9）。轮流进行游戏，直到把9都找完了才算结束。

❸ 比较两个数的大小。

● 游戏——找一找。

玩法：妈妈出示一张牌，说："我是红桃5。"引导孩子想想，比5多1（或少1）的数是什么。宝宝出示一张牌，说："我是方块6，6比5多1。"

❹ 巩固对相邻数的认识。

● 游戏——找邻居。

玩法：妈妈出示一张牌（如梅花4），孩子找出比它多1和少1的扑克牌（梅花3、梅花5），按顺序排在一起，说："4的邻居是3和5，因为3比4少1，5比4多1。"

❺ 动手做一做。

● 看一看，填一填。

看一看，这些扑克表示几，在 ☐ 里填上相对应的数字。

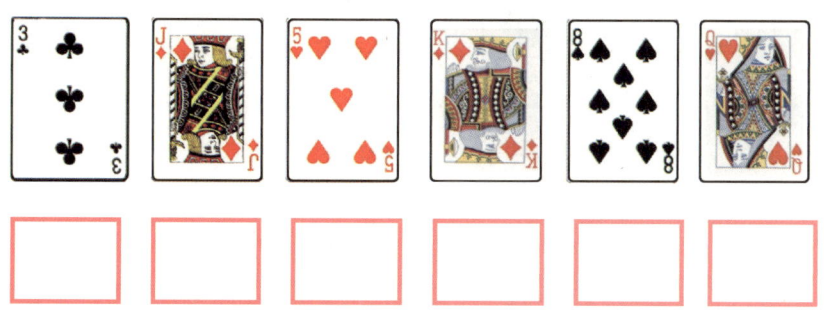

● 排一排。

请你把它们从小到大进行排列，并在 ☐ 里填上顺序。

● 找一找。

请你把它们的相邻数找出来并贴在 ☐ 里。

● 圈一圈。

请你把每组的单数圈出来。

活动反思：（你在实施这个课程中有何感想？）

27. 找帽子

活动目标

❶ 能够仔细观察，发现瓶口和盖子大小的不同。
❷ 能根据瓶口和盖子的大小、形状等进行配对。
❸ 培养孩子的观察力和动手操作能力。

活动准备

❶ 各种各样的有盖的器皿和盖。
❷ 大人和小孩的衣服、帽子等若干。

活动内容

❶ 引起孩子探索的兴趣。

引导语：（出示大人和小孩的衣服、帽子等）为什么爸爸的衣服、帽子你穿戴不了？你的衣服、帽子爸爸妈妈可以穿戴吗？为什么？

❷ 引导观察瓶口、盖子的不同大小，尝试进行匹配。

引导语：看看家里有盖的用品是什么形状的？盖子和瓶口又是什么形状的？什么样的盖子与瓶口相对应？

❸ 动手操作，巩固掌握大小、形状对应匹配的技能。

● 游戏——找朋友。

玩法：出示有盖的生活用品和其他用品，把盖子拿开，引导孩子找出相对应的盖子并盖上。

❹ 还有哪些生活用品是有盖的？各有什么特点？

❺ 动手做一做。

● 圈一圈。

把没盖子的物体圈起来。

 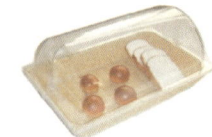  

● 变一变。

这些画是由什么变出来的？你还会变出什么来？试试吧。

 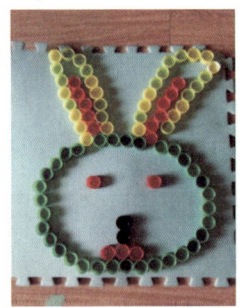

● 画一画。

你可以用盖子来画画吗？动动手吧。

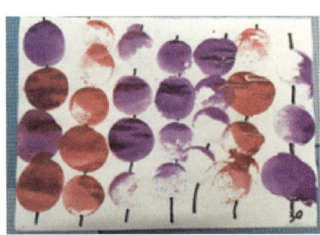 

活动反思：（你在实施这个课程中有何感想？）

28. 会说话的图书

活动目标

❶ 认识图书和图书的功能，知道图书的封面、封底及页码的名称和作用。
❷ 学会看书的正确方法，养成良好的阅读习惯。
❸ 培养阅读兴趣，喜欢看书，能理解图书的基本内容。

活动准备

各种图书若干。

活动内容

❶ 初步认识图书和图书的功能。知道图书的封面和封底。

引导语：（出示图书）这是什么？有什么作用？它叫什么名字？（封面、封底）

❷ 初步认识页码，感知图书给人们带来的快乐。

A．引导语：（出示图书，引导孩子看目录）你知道这本图书包括什么内容吗？有多少页呢？从哪个地方可以看出来？（目录、右下角的页码）这是第几页？

B．看图书时应该怎样看？如果我想看（某一个内容），用什么方法

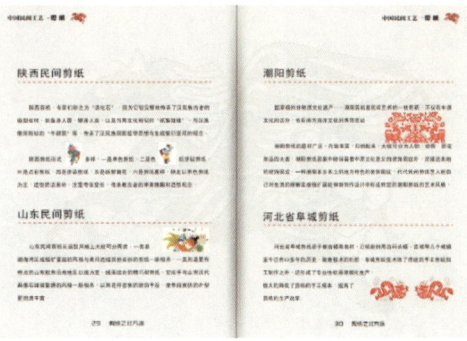

能最快找到?

　　C．游戏：看谁找得快。妈妈说："请翻到第 3 页。"孩子立即翻到第 3 页。妈妈说："请找出'生日会'这一课。"孩子立即翻到相对应的页面上，并且说："'生日会'在第 23 页。"

❸ **看图书讲故事。**

　　引导孩子一边看书，一边讲故事。

活动反思：（你在实施这个课程中有何感想？）

29. 我会打电话

活动目标

❶ 初步认识全国各地的长途电话区号。
❷ 学习用移动电话（手机）和固定电话拨打长途电话以及打电话的礼貌用语。
❸ 培养孩子养成良好的社交礼仪。

活动准备

❶ 手机和固定电话。
❷ 全国长途电话区号表。

活动内容

❶ 认识固定电话与移动电话，感受电话给人们带来的便利。

引导语：与孩子讨论，如果和家人走散了（或者爸爸妈妈外出了，想找爸爸妈妈），用什么方法最方便找到家人。你记得爸爸妈妈的电话号码吗？你家还有什么电话？

❷ 认识各地长途电话区号，学习拨打本地电话和长途电话。

● 学习手机互打、手机与本地固话互打。
● 学习手机拨打外地固话、本地固话拨打外地固话、固话拨打外地手机。

讨论：为什么拨打外地固话或外地手机时，直接按号码是打不通的？怎样拨打外地的固话或手机？

- 认识各地长途电话区号，学习拨打长途电话。

引导语：（出示各地长途电话区号表）这些数字表示什么意思？打外地固话或外地手机时，在电话号码前面要加上什么数字？

小结：固话（手机）拨打长途电话（固话）时，要在电话号码前加上区号；固话拨打外地手机时，要在手机号码前加"0"；手机与外地手机可直拨。

❸ 动手做一做。

- 圈一圈。

请你在手机号码下的 ☐ 里画〇，在固定电话号码下的 ☐ 里画△。

13828616227   6673389   0668-6123456   13535867252

- 判断错对。

小动物们在打长途电话，看看它们有没有拨对号码。在 ☐ 里打"√"或打"×"。

29. 我会打电话

- 写一写。

请你把知道的手机号码和固定号码写在方框里。

活动反思：（你在实施这个课程中有何感想？）

30. 迷路小花鸭

活动目标

❶ 尝试了解相邻数多1、少1的相互关系,知道手机号码有11位数字。
❷ 体验手机给生活带来的方便和数字给生活带来的乐趣。
❸ 培养孩子的思维能力。

活动准备

数字卡若干。

活动内容

❶ 听故事《迷路的小花鸭》,激发孩子的学习兴趣。

讨论:我们可以用什么办法帮小花鸭呢?可以用什么方法把看不清的电话号码找出来?

❷ 了解相邻数多1、少1的相互关系。

• 破译第一组电话。

出示操作题卡 0__2__7__1__7__5__0__1__2__3__4__。

要求:后面的数字比前面的数字多1。破译出来的电话号码就是要找的电话号码。

• 破译第二组电话号码。

出示操作卡 135__4__ __ __985。

要求:后面的数字比前面的数字少1。

• 破译第三组电话号码。

(出示操作卡)0的大朋友__,4的小朋友__,7的大朋友__,3的小朋友__,7的小朋友__,5的大朋友__,2的小朋友__,3的小朋友__,3的大

扫码听故事
《迷路的小花鸭》

30. 迷路小花鸭

朋友__，6 的小朋友__，8 的大朋友__。

要求："大朋友"是指多 1，"小朋友"是指少 1。

小结：每个电话号码破译后，进行检查，对比答案，打电话。

❸ 说说家人或朋友的手机号码，说说手机给人类带来的方便有哪些。

❹ 说说你知道的特殊电话号码（110、119、120、12315 等）及其作用。

❺ 动手做一做。

● 画一画。

请你把每组数的相邻数（你喜欢的水果）画在 ☐ 里。

● 填一填。

请你把每组的相邻数写在相对应的 ☐ 。

	5	
	4	3
10	9	
	3	
	2	3

- 找邻居。

请你把每个数与它的相邻数连起来。

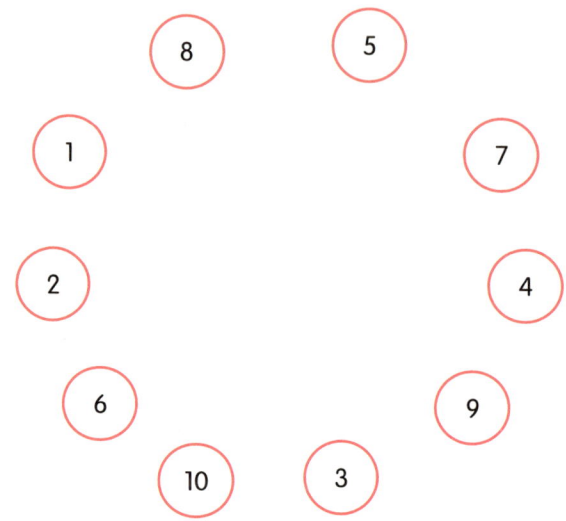

活动反思：（你在实施这个课程中有何感想？）

31. 找不同

活动目标

① 能按物体的名称、特征、功能或种类等找不同。
② 培养幼儿观察、分析、判断的思维能力。
③ 培养孩子对数学活动的兴趣。

活动准备

各种玩具、生活用品、食物等。

活动内容

① 根据物品的名称找不同。

A. 把玩具和蜡笔放在一起，让孩子找出哪个不是玩具。

B. 把碗碟放在一起，让孩子找出哪个不是碗。

C. 把苹果和百香果放在一起，让孩子找出哪个不是苹果。

② 根据人物（或物品）的特征找不同。

A. 比较爸爸和爷爷的不同。

引导语：爸爸和爷爷有哪些地方不同的呢？（如爷爷有点驼背，爸爸戴着眼镜，爸爸的眼睛大，爷爷的鼻梁高……）

B. 比较两辆小汽车的不同。

引导语：这两辆汽车有什么不一样的地方？

③ 根据物品的功能找不同。

A.（出示家里的食品和另一类物品）引导孩子分析这些东西中有哪些是不能吃的。

B. 带孩子到停车场找找，哪些不是交通工具。

C．引导孩子找找，菜篮子里有哪些是可以生吃的。

❹ **动手做一做。**

● 找一找。

找找下列每组图中有哪个是不一样的。

● 圈一圈。

A．下列图中哪一个不是水果，你能找出来吗？请用"◯"把它圈出来。

B．下列图中有一个不是动物，你能找出来吗？请用"◯"把它圈出来。

C．下列图中哪种不是交通工具，你能找出来吗？请用"◯"把它圈出来。

● 辨一辨。

下面每组图有什么不同的地方？你能找出几个？请把它们不同的地方用"◯"圈出来。

● 做一做。

把这两组图涂色并设计出三处不同的地方。

活动反思：（你在实施这个课程中有何感想？）

32. 我和朋友比高矮

活动目标

❶ 以自身或客体作为参照物，感知物体的高矮，初步理解物体高矮的相对关系。
❷ 尝试对 2~5 个物体的高矮进行有序排列。
❸ 培养孩子的观察力和动手操作能力。

活动准备

❶ 各种尺子的图片若干。
❷ 在家里贴上可测量身高的指示图。

活动内容

❶ 初步感知物体的高矮。

引导语：妈妈和孩子在某个地方取一个物品，引导其他孩子观看妈妈和孩子谁能取到东西，为什么？怎样去比较两个人或物体的高低？

❷ 两人一组比较物体的高矮，掌握站在一个水平线上直立，比较物体高矮的正确办法。

引导语：妈妈和宝宝比比，谁高谁矮？宝宝和爸爸（或妈妈、弟弟、姐姐等）比比，谁高谁矮？看看爸爸和妈妈、爷爷和奶奶等，谁高谁矮？

❸ 初步理解物体高矮的相对性，学习区分最高、最矮和一样高。

引导语：A. 爸爸和妈妈比比，谁高谁矮？妈妈和你比比，谁高谁矮？爸爸、妈妈、宝宝谁最高？谁最矮？

B．小明、小红、小兰三个人相比，他们的身高怎么样？

❹ 初步学习测量身高的方法，尝试用量尺准确地比较物体的高矮和最高、最矮等。

还可以用什么方法去比高矮？（出示各种尺子）这是什么？你会用吗？我们一起来试试吧。

名称	身高	名称	高度
爸爸		树木	
妈妈		桌子	
哥哥		沙发	
姐姐		玩具	

❺ 动手做一做。

● 圈一圈。

A．爸爸和宝宝，谁高谁矮？请把高的圈起来。

B．哪个气球飞得高？哪个飞得低？请把飞得低的气球圈起来。

C. 爸爸、妈妈、姐姐和弟弟，哪个最高？哪个最矮？请把最矮的和最高的圈起来。

● 涂一涂。
请把最高树的叶子涂上红色，最矮树的叶子涂上黄色。

● 排一排。

请按照要求进行排列。

A. 按照从高到矮的顺序排列，并在 ☐ 里写上序数。

B. 请按照从矮到高的顺序排列，并在 ☐ 里写上序数。

活动反思：（你在实施这个课程中有何感想？）

33. 有趣的0

活动目标

❶ 知道"没有"可以用"0"来表示，激发幼儿对生活中出现的"0"的兴趣和思考。
❷ 初步知道0在自然数列中的位置，懂得0比1小。
❸ 培养孩子对数学的兴趣。

活动准备

❶ 食品若干。
❷ 相片（尺、温度计、门牌号、车牌号、比分牌、球衣等）、数字卡片若干。

活动内容

❶ 猜一猜。

家长把糖果放在手里，引导孩子猜一猜每只手各有几颗糖果，用什么数字来表示。

❷ 引出数字"0"，激发孩子的兴趣，感知"0"所表示的意义。

引导语：左手有3颗糖果，可以用数字"3"表示，右手什么也没有，可以用什么数字来表示呢？（出示数字"0"）这个数字符号像什么？表示什么意思？

小结："0"表示什么也没有。

❸ 理解"0"在生活中的不同作用。

讨论:你在什么地方见过"0"?你知道这表示什么意思吗?

小结:"0"的作用真大,不同的"0"表示不同的含义。如东西没有了用"0"表示;湿度计上的"0"表示湿度"0"度,越往上湿度越高,越往下湿度越低;车牌、门牌、电话号码、年历、球衣上的"0"表示一个数字;尺子上的

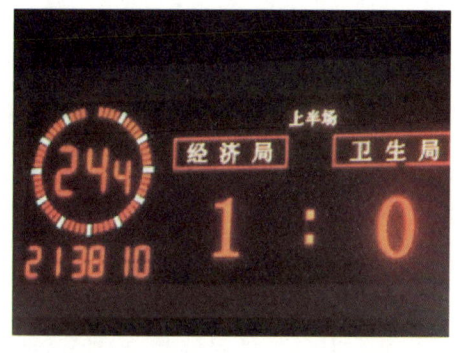

"0"表示起点;球赛比分牌上的"0"表示没有进球,0∶0表示平局,1∶0表示一方进了一个球。

❹ 启发幼儿说出"0"在什么情况下可以比其他数字大。

引导语:"0"在1~9的数字前面表示什么意思?"0"在1~9的数字后面表示什么意思?"0"在什么位置时可以比其他数字大?

❺ 找一找生活中还有什么地方有"0"的,并说说它们所表示的意思。

活动反思:(你在实施这个课程中有何感想?)

34. 好玩的线

活动目标

1. 认识线并寻找生活中各种各样的线,初步了解各种线的作用。
2. 能找出各种线的差异并根据线的某个特征进行分类。
3. 培养孩子的观察力和语言表达能力。

活动准备

1. 各种线(如毛线、棉线、电线、钓鱼线、尼龙线等)。
2. 衣服若干。

活动内容

1. 听故事《会变的点点和线线》,理解故事的内容,感受线的变化。

引导语:故事的名称叫什么?点点和线线会变成什么东西?它们还会变成其他东西吗?

扫码听故事
《会变的点点和线线》

2. 感受线给人们带来的方便。

引导语:(出示线织的衣服和布织的衣服)这些衣服是由什么材料做成的?找出你认识的线,说说它们是什么线,有什么用,是什么样子的。

3. 通过观察和探索,发现线的特点并进行分类。

引导语:A. 这些线都是一样的吗?有什么不同呢?(粗细、长短、颜

色、软硬等都不同）

　　B．让孩子带着问题看一看、摸一摸、拉一拉、比一比，说说各种线的特点。它们的样子怎样？有哪些颜色？有哪些形状？它们像什么？不同的线摸上去分别有什么感觉？拉一拉有没有变化？哪一种线最容易断？哪一种线最不容易断？你是怎么知道哪根线硬、哪根线软的？哪些线是有危险的？（电线）

　　小结：这些线真有趣，长短、颜色、粗细、作用都不一样。

　　C．把这些线按粗细、颜色、软硬等特点进行分类或者引导孩子按自己的思路将线进行分类。

❹ **寻找生活中的线。**

　　引导语：想一想，看一看，我们还发现生活中有哪些线？（电话线、网线、针线、尼龙线、鼠标线等）还有哪些物品是由线做成的？（袜子、棉裤等）

❺ **动手做一做。**

　　引导孩子用线进行手工。

活动反思：（你在实施这个课程中有何感想？）

35. 数字用处多

活动目标

❶ 发现生活中的数字，初步了解它们的不同用途。
❷ 学习运用数字解决生活中的一些实际问题，从中体验活动的乐趣。
❸ 激发孩子对数字的兴趣，培养幼儿积极关注身边事物的情感态度。

活动准备

❶ 收集生活中常见的有数字的物品进行展示。
❷ 0~9数字卡若干套。
❸ 汽车牌照、公共汽车站牌、居民住宅楼、钟楼、红绿灯、邮编等的相片。

活动内容

❶ 通过找一找、猜一猜，发现并了解物品上的数字及其用途。

引导语：你发现这些物品上都有什么？你发现了哪些数字？这些物品上的数字有什么用呢？

小结：原来，数字就在我们身边，我们的周围到处都有数字。

引导语：生活中还有哪些数字？（出示相片）你还看到过这些数字吗？这些数字表示什么意思呢？

小结：原来，数字的用处可真多呢！它们有的用来编号，有的用来表示时间，有的用来表示地址，有的用来表示商品的价格，说明物品的生产日期、保质期、重量等等，数字给我们的生活带来了许多方便。

❷ 认知数字组合后所表示的不同意思,感知数字组合给人们生活带来的便利。

● 游戏——找朋友。

玩法:要求找到比手里的数字多1的数。引导发现问题:找不到比9多1的数,怎么办?导出数的组合:发现"1"和"0"可以组合成"10",找到比9多1组合成的数字"10"。

● 游戏——想一想、拼一拼。

玩法:寻找数字的其他组合法。"1、1、0"可以组合成"110",表示特殊的电话号码。"0、1、2、5、8"可以组合成"58210285"的电话号码。"1、4、6、8"可以组合成数字1468,表示数的多少。你还想用这些数字组合成其他有特别意义的编码吗?

● 游戏——说一说。

玩法:你觉得我们周围生活中还有哪些地方需要数字呢?引导幼儿设计生活中需要的数字,体验数字与自身的关系。

活动反思: (你在实施这个课程中有何感想?)

36. 身边的单、双数

活动目标

❶ 尝试区分 10 以内的单、双数，初步感知单、双数的概念。
❷ 尝试寻找身体上的单、双数，激发幼儿探究身体秘密的兴趣。
❸ 通过多种活动，让幼儿体验参与的乐趣，激发幼儿学习数学的兴趣。

活动准备

❶ 记号笔 10 支。
❷ 图片 10 张（每张图片上不规则地画有 1~10 个圆点），1~10 的数字卡片。

活动内容

❶ 引导孩子发现单、双数的秘密。

引导语：这是什么动物？一共有几行？每行分别有几个？把每行的小动物两个两个圈起来，看看有什么相同的和不同的地方？

小结：两个两个圈，最后多了一个的就是单数。（1、3、5、7、9 叫单数）
两个两个圈，正好全都圈完的就是双数。（2、4、6、8、10 叫双数）

❷ 寻找身上的数字朋友，巩固对单、双数的理解。

引导语：（引导幼儿观察自己身体上某些器官的数量）我们有多少只眼睛（耳朵、鼻孔、手、脚、手指、脚趾、头、牙齿）？可以用什么数字来表示？"2"是单数还是双数？衣服上的纽扣有多少颗？用什么数字来表示？是单数还是双数？

❸ 寻找电话号码中的单、双数，进一步巩固对单、双数的理解。

引导语：（出示家人的电话号码）我们来看看爸爸的电话号码是多少，

36. 身边的单、双数

哪些是单（双）数。

小结："0"是整数又是最小的自然数，也是偶数。

❹ **单双数的转换，巩固对单、双数的认识。**

引导语：用什么方法把单（双）数转为双（单）数？

小结：通过添上1或去掉1的方式可以把单、双数进行转换。

延伸：在生活中寻找单、双数。

❺ **动手做一做。**

● **圈一圈。**

把它们两个两个地圈起来，是单数的在（　）里打"√"，是双数的在（　）里打"×"。

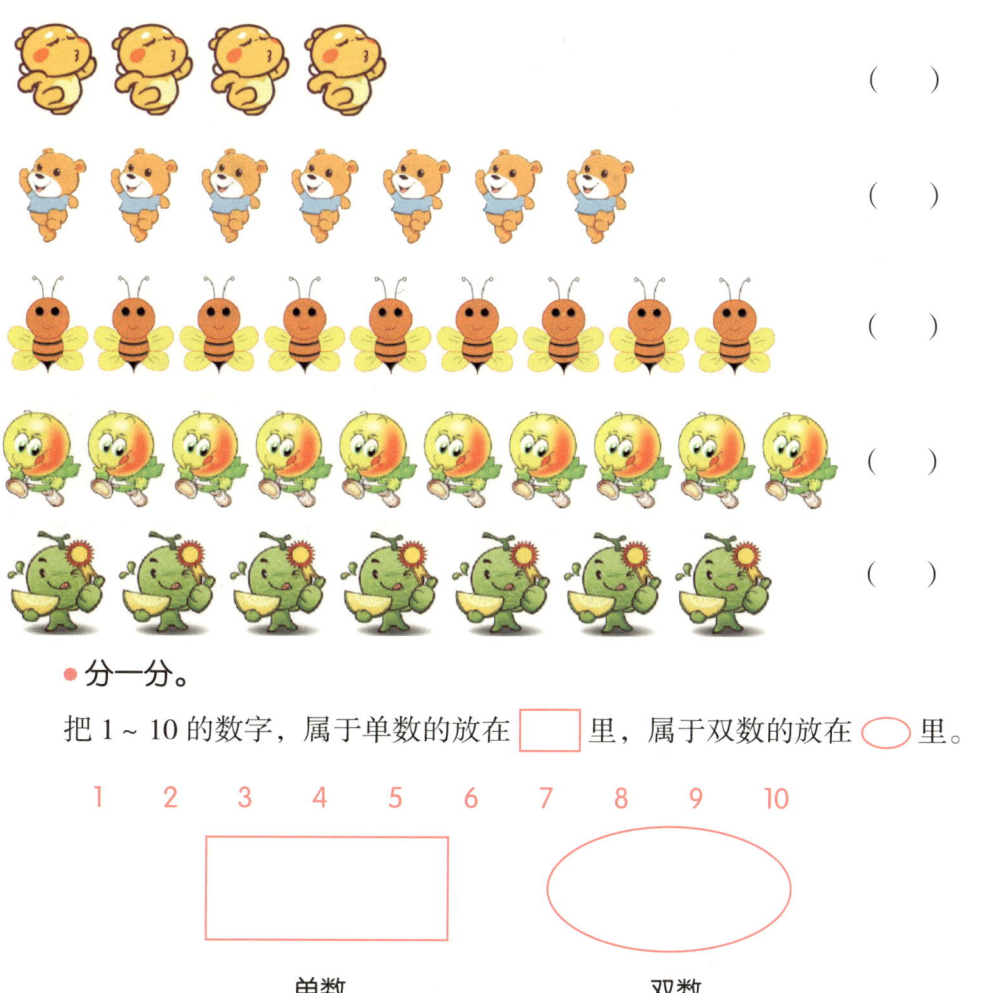

● **分一分。**

把1~10的数字，属于单数的放在 □ 里，属于双数的放在 ○ 里。

1　2　3　4　5　6　7　8　9　10

单数　　　　　　双数

- 变一变。

面对下面四组图片,把单(双)数变成双(单)数,看看有几种方法。

活动反思:(你在实施这个课程中有何感想?)

37. 排队

活动目标

❶ 按照 AB、ABB、AABB 的顺序或其他有规律的顺序进行排序。
❷ 感受物品的规律排列给人们带来的方便。
❸ 发展孩子的想象力和动手操作的能力。

活动准备

纸、笔或其他用品。

活动内容

❶ 学习按 AB 的顺序进行排列。

（出示一支油画笔和水彩笔）引导孩子把这两支笔按由短到长的顺序进行排列，再出示若干长短不同的笔，引导孩子继续按由短到长的顺序进行排列。排列完后引导孩子观察，这些排列有什么特点。

❷ 学习按照 ABB、AABB 的顺序进行排列。

引导孩子把笔按照 ABB、AABB 的顺序进行排列。

❸ 学习用其他方法进行排列。

方法一：把笔按照自己的想法进行其他排列，并且用直线画出其排列结构。（如 AAB、ABB、AAAB 等）

方法二：把家里的物品按照一定的规律进行排序，并用不同的符号画出其排列结构。（如 ABC、ABBC、AABBCC 等）

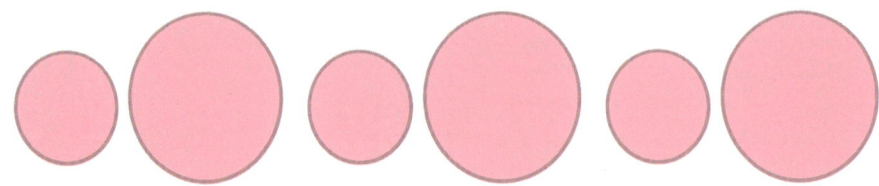

❹ 寻找生活中的规律。

引导语：想一想，生活中有哪些东西是按一定的规律进行排序的。（如地板砖）

❺ 动手做一做。

● 排一排。

请你按照这个规律接着往下排吧。

● 涂一涂。

请你把没涂色的 ○ 涂上颜色吧。

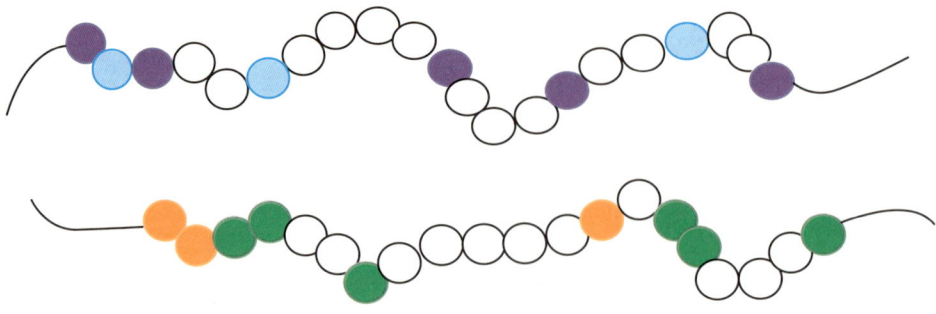

37. 排队

● 画一画。
看图并画出对应的图形。

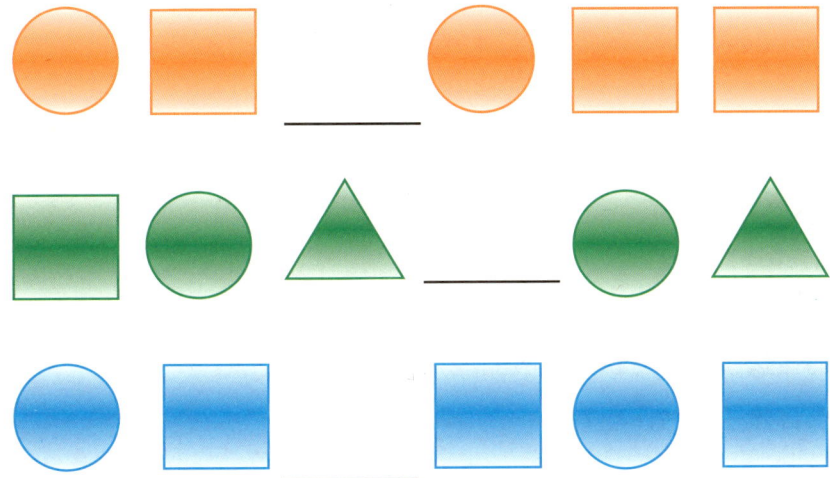

活动反思：（你在实施这个课程中有何感想？）

38. 抱团游戏

活动目标

❶ 尝试根据要求做抱团游戏（如3个人抱在一起）。
❷ 加强孩子听信号做出反应的能力。
❸ 培养孩子的合作能力。

活动准备

家人或其他小朋友，画有圆点的图片若干。

活动内容

❶ 了解抱团游戏的规则，初步学习其玩法。

向孩子讲解抱团游戏的玩法：当爸爸（或其他人）说出一个数（如数字2）时，两个人立即抱在一起，没有找到朋友的就是输了。

❷ 玩游戏，知道不能成团的比成团的少。

由家里人或几个朋友在一起，根据口令，如有人喊出数字3，3个人立即抱在一起，谁没抱到团谁就输了。引导孩子数一数一共有几个人？几个人一团时可以分成几团？还剩几个？能不能成一个团？为什么？

❸ 画圈，巩固对抱团游戏的理解。

（出示图片）引导孩子根据要求进行画圈（如把2个、3个圆点等圈起来），然后说说多少个圆点可以成几个团，还剩几个。

❹ 动手做一做。

● 找朋友。

根据指令帮它们找到好朋友吧。

A. 用圆圈把它们 3 个 3 个圈在一起。

B. 用圆圈把它们 5 个 5 个圈在一起,看看还有几个没有找到朋友的。

● 涂一涂,填一填。

根据提示把每团图片涂上不同的颜色,并在(　　)里填空。

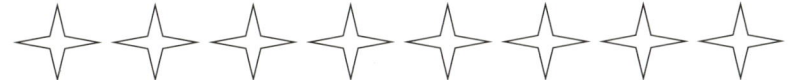

3 个 1 团,有(　　)团,还剩(　　)个。

2 个 1 团,有(　　)团,还剩(　　)个。

6 个 1 团,有(　　)团,还剩(　　)个。

- 分一分。

把每组都分成若干个团,不能有剩余的,看看有几种分法。试试吧!

活动反思:(你在实施这个课程中有何感想?)